A LEI COMPLEMENTAR Nº 173/2020 E SEUS DESAFIOS

CRISLAYNE CAVALCANTE
LEANDRO MENEZES RODRIGUES
Coordenadores

Ivan Lelis Bonilha
Prefácio

Estilac Martins Rodrigues Xavier
Apresentação

A LEI COMPLEMENTAR Nº 173/2020 E SEUS DESAFIOS

Belo Horizonte

2021

© 2021 Editora Fórum Ltda.

É proibida a reprodução total ou parcial desta obra, por qualquer meio eletrônico, inclusive por processos xerográficos, sem autorização expressa do Editor.

Conselho Editorial

Adilson Abreu Dallari
Alécia Paolucci Nogueira Bicalho
Alexandre Coutinho Pagliarini
André Ramos Tavares
Carlos Ayres Britto
Carlos Mário da Silva Velloso
Cármen Lúcia Antunes Rocha
Cesar Augusto Guimarães Pereira
Clovis Beznos
Cristiana Fortini
Dinorá Adelaide Musetti Grotti
Diogo de Figueiredo Moreira Neto (*in memoriam*)
Egon Bockmann Moreira
Emerson Gabardo
Fabrício Motta
Fernando Rossi
Flávio Henrique Unes Pereira

Floriano de Azevedo Marques Neto
Gustavo Justino de Oliveira
Inês Virgínia Prado Soares
Jorge Ulisses Jacoby Fernandes
Juarez Freitas
Luciano Ferraz
Lúcio Delfino
Marcia Carla Pereira Ribeiro
Márcio Cammarosano
Marcos Ehrhardt Jr.
Maria Sylvia Zanella Di Pietro
Ney José de Freitas
Oswaldo Othon de Pontes Saraiva Filho
Paulo Modesto
Romeu Felipe Bacellar Filho
Sérgio Guerra
Walber de Moura Agra

Luís Cláudio Rodrigues Ferreira
Presidente e Editor

Coordenação editorial: Leonardo Eustáquio Siqueira Araújo
Aline Sobreira de Oliveira

Av. Afonso Pena, 2770 – 15º andar – Savassi – CEP 30130-012
Belo Horizonte – Minas Gerais – Tel.: (31) 2121.4900 / 2121.4949
www.editoraforum.com.br – editoraforum@editoraforum.com.br

Técnica. Empenho. Zelo. Esses foram alguns dos cuidados aplicados na edição desta obra. No entanto, podem ocorrer erros de impressão, digitação ou mesmo restar alguma dúvida conceitual. Caso se constate algo assim, solicitamos a gentileza de nos comunicar através do *e-mail* editorial@editoraforum.com.br para que possamos esclarecer, no que couber. A sua contribuição é muito importante para mantermos a excelência editorial. A Editora Fórum agradece a sua contribuição.

Dados Internacionais de Catalogação na Publicação (CIP) de acordo com ISBD

L525	A Lei Complementar nº 173/2020 e seus desafios [recurso eletrônico] / coordenado por Crislayne Cavalcante, Leandro Menezes Rodrigues. - Belo Horizonte : Fórum, 2021. 121 p.
	Inclui bibliografia. ISBN: 978-65-5518-315-3
	1. Direito. 2. Direito Financeiro. 3. Direito Econômico. 4. Economia. 5. Contabilidade. 6. Finanças Públicas. I. Rodrigues, Leandro Menezes. II. Título.
	CDD 343.8103
2021-3458	CDU 351.72

Elaborado por Vagner Rodolfo da Silva - CRB-8/9410

Informação bibliográfica deste livro, conforme a NBR 6023:2018 da Associação Brasileira de Normas Técnicas (ABNT):

CAVALCANTE, Crislayne; RODRIGUES, Leandro Menezes (Coord.). *A Lei Complementar nº 173/2020 e seus desafios*. Belo Horizonte: Fórum, 2021. 121 p. ISBN: 978-65-5518-315-3.

DIRETORIA

Diretoria IRB Gestão 2020-2021

Presidência
Ivan Lelis Bonilha (Presidente)
Sebastião Helvecio Ramos de Castro (Vice-presidente de Relações Institucionais)
Érico Xavier Desterro e Silva (Vice-presidente de Desenvolvimento Institucional)
Edilberto Carlos Pontes Lima (Vice-presidente de Auditoria)
Inaldo da Paixão Santos Araújo (Vice-presidente de Ensino, Pesquisa e Extensão)
Sidney Estanislau Beraldo (Vice-presidente de Desenvolvimento e Políticas Públicas)
Severiano José Costandrade de Aguiar (Primeiro secretário)
Marcos Antônio Borges (Segundo secretário)
Algir Lorenzon (Tesoureiro)

Suplentes da Vice-Presidência
Domingos Augusto Taufner
Lilian de Almeida Veloso Nunes Martins
Naluh Maria Lima Gouveia
Rosa Egídia Crispino Calheiros Lopes

Conselho Fiscal
Anilcéia Luzia Machado
Luiz Eduardo Cherem
Maria Elizabeth Cavalcante de Azevedo Picanço
Mauri José Torres Duarte
Nestor Baptista

Suplentes do Conselho Fiscal
Cilene Lago Salomão
Daniel Augusto Goulart
Estilac Martins Rodrigues Xavier
Fernando Ribeiro Toledo
Osmar Domingues Jeronymo

O Instituto Rui Barbosa agradece aos autores que dedicaram um pouco do seu tempo para escreverem sobre a Lei Complementar nº 173/2020 e seus desafios, contribuindo assim para a difusão do conhecimento e saber nesta magnífica obra.

SUMÁRIO

PREFÁCIO
Ivan Lelis Bonilha 11

APRESENTAÇÃO
Estilac Martins Rodrigues Xavier 13

INTRODUÇÃO
Leandro Menezes Rodrigues 17

O NASCIMENTO DA LC Nº 173/2020
RODRIGO LUÍS KANAYAMA 19

O ARTIGO 8º DA LEI COMPLEMENTAR Nº 173/2020 E A NADA
INDICADA ELASTICIDADE INTERPRETATIVA: O QUE O
APLICADOR DO DIREITO PODE INFERIR COMO COMANDO
NORMATIVO?
ANA HELENA SCALCO CORAZZA 25

APONTAMENTOS SOBRE A LEI COMPLEMENTAR Nº 173/2020:
EVOLUÇÃO DAS DESPESAS COM PESSOAL E ASPECTOS
BASILARES DO ARTIGO 8º
VITOR MACIEL DOS SANTOS 37

    Referências 51

LEI COMPLEMENTAR Nº 173, DE 27 DE MAIO DE 2020: ART. 9º
E REFLEXOS ORÇAMENTÁRIOS, CONTÁBEIS E FISCAIS
**JORGE PINTO DE CARVALHO JÚNIOR,
SIMONE REINHOLZ VELTEN** 53

SUSPENSÃO DE RECOLHIMENTO DA CONTRIBUIÇÃO PATRONAL: EMPENHAR OU NÃO EMPENHAR? EIS A QUESTÃO
PAULO HENRIQUE FEIJÓ 73

1 Contexto 73

2 A polêmica sobre o empenho da contribuição patronal 74

3 O princípio da anualidade orçamentária 75

4 Não se pode perder a essência da lei 77

5 O que diz a Secretaria do Tesouro Nacional 78

6 Conclusão 79

IMPACTO DA PANDEMIA E DO DIREITO FINANCEIRO EMERGENCIAL NA APRECIAÇÃO DAS CONTAS DOS CHEFES DE PODER EXECUTIVO
DONATO VOLKERS MOUTINHO 81

1 Introdução 81

2 Contas dos governantes 86

3 Impacto da pandemia e do direito financeiro emergencial
na apreciação das contas 89

4 Conclusões 95

Referências 96

ATUAÇÃO DOS TRIBUNAIS DE CONTAS NAS CONTAS DO CHEFE DO PODER EXECUTIVO: BREVE ENSAIO SOBRE OS REFLEXOS DA LEI COMPLEMENTAR Nº 173/2020
MILENE DIAS DA CUNHA 101

Referências 110

APESAR DE TUDO, AINDA HÁ ESPERANÇA
INALDO DA PAIXÃO SANTOS ARAÚJO 113

Referências 116

SOBRE OS AUTORES 119

PREFÁCIO

A pandemia do Covid-19 que se abate sobre a sociedade mundial é, sem dúvida, o maior desastre humano jamais presenciado neste país nos últimos cem anos. Esta tragédia inédita, que se reflete, de imediato, na perda irreparável de milhares de vidas, ainda deixará sequelas diretas e indiretas, físicas, emocionais, econômicas e sociais, por muitos anos, talvez gerações.

Publicada no *Diário Oficial da União* em 28 de maio, a Lei Complementar nº 173/2020 estabeleceu o Programa Federativo de Enfrentamento ao Coronavírus SARS-CoV-2 (Covid-19), prevendo, entre outras iniciativas, a entrega de recursos da União, na forma de auxílio financeiro, aos Estados, ao Distrito Federal e aos Municípios, no exercício de 2020.

O Instituto Rui Barbosa (IRB), a Casa do Conhecimento dos Tribunais de Contas, ciente de sua missão de promover o desenvolvimento e o aperfeiçoamento técnico do sistema de contas brasileiro, não poderia deixar de contribuir para que a geração de conhecimento sobre este novo regramento emergencial se fizesse da forma mais célere e efetiva possível.

Em parceria com o Tribunal de Contas do Rio Grande do Sul, o IRB promoveu o ciclo de debates sobre a LC nº 173: evento nacional, composto por cinco painéis de discussão, nos quais foram abordados aspectos gerais da lei e seus reflexos orçamentários, contábeis e fiscais, bem como na área de pessoal e na análise das contas de governo.

Este livro, que vem a lume, reúne artigos sobre os temas discutidos ao longo dos debates realizados e representa o esforço de profissionais comprometidos com a causa pública para sintetizar o conhecimento acumulado de forma a permitir sua difusão e sua multiplicação.

Ivan Lelis Bonilha
Presidente do IRB.

APRESENTAÇÃO

O ano de 2020 foi marcado pela pandemia de Covid-19 e seus dramáticos efeitos sobre todas as dimensões da vida humana. Nosso modo de vida mudou profundamente, hábitos, relações sociais, cuidados com a saúde e até a forma como trabalhamos. Fomos obrigados a nos proteger para proteger os outros, e, ainda assim, acompanhamos consternados os milhões de infectados e de vidas perdidas no mundo e no Brasil. As consequências da pandemia sobre a economia, o emprego, a cultura, a segurança, o trabalho, a renda e a qualidade de vida são hoje tão nítidas quanto alarmantes.

Muitas decisões e medidas administrativas excepcionais precisaram ser tomadas ao longo deste ano para o enfrentamento da Covid-19, da recessão econômica e do crescimento da desigualdade. Evidentemente, o impacto da pandemia e as transformações decorrentes alcançaram também os poderes e os órgãos do Estado brasileiro, em todos os níveis federativos. E, para manter os serviços essenciais e o atendimento à população, os gestores públicos tiveram que se readequar à nova realidade, e esta readequação exigiu mudanças normativas próprias dentro do regime jurídico da administração pública.

No mesmo sentido, identificamos a necessidade premente de que os órgãos de controle, como os tribunais de contas, também realizassem a capacitação do seu corpo técnico de auditores para a manutenção da qualidade do controle externo, sem perder a sensibilidade para as excepcionalidades que o momento exigia. Todavia, atentos para sustentabilidade das decisões emergenciais do poder público à luz da legislação brasileira reformada.

E entre as mudanças sofridas pela legislação nacional está a lei Complementar Federal nº 173/2020, que estabelece o Programa Federativo de Enfrentamento ao Coronavírus SARS-CoV-2 (Covid-19) e altera dispositivos da Lei Complementar Federal nº 101/2000, que foi tema do Ciclo de debates promovido pelo Tribunal de Contas do Estado do Rio Grande do Sul (TCE-RS) e o Instituto Rui Barbosa (IRB), com o apoio da Associação dos Membros dos Tribunais de Contas (ATRICON) e do Conselho Nacional de Presidentes de Tribunais de Contas (CNPTC), realizado em agosto de 2020, e motivador da publicação deste *e-book* dirigido, especialmente, aos gestores públicos e aos órgãos de controle.

A presente publicação busca, então, reproduzir o conteúdo do Ciclo de Debates com o objetivo de promover a ampla divulgação das questões relativas à Lei Complementar Federal nº 173/2020, suas implicações para os gestores públicos e os desafios para o exercício do controle externo. A LCF nº 173 institui um novo regime fiscal de caráter provisório para o enfrentamento à pandemia, possibilitando o equilíbrio administrativo-financeiro por meio de alterações legislativas e medidas excepcionais. No entanto, muitos gestores públicos têm manifestado dúvidas e inseguranças quanto à aplicação da nova legislação, fato que motivou a realização do Ciclo de Debates.

Com a participação de diversos especialistas, estudiosos e técnicos, os debatedores e palestrantes procuraram abordar questões como o relacionamento financeiro de estados e municípios com a União, as condições especiais durante o período da calamidade, o auxílio financeiro da União aos Estados e Municípios, as alterações da Lei de Responsabilidade Fiscal e as vedações à reestruturação de carreiras, contratações e aumento de despesas.

Também trataram dos reflexos da LC nº 173 sobre a área de pessoal, com destaque para a análise de aspectos do seu artigo 8º, especificamente, das despesas de pessoal no serviço público; de questões orçamentárias, contábeis e fiscais, e seus resultados, superávit ou déficit financeiro; do art. 42 da LRF (encerramento de mandato), índice de saúde e índice de educação; da Nota Técnica nº 42-A/2020, elaborada pela Confederação Nacional dos Municípios para orientação dos gestores sobre a suspensão dos pagamentos da contribuição patronal e parcelamento de débitos previdenciários junto aos Regimes Próprios de Previdência Social.

Por último, analisaram os reflexos da pandemia na análise das contas de governo, contextualizando o cenário em que foi criada a Lei nº 173/2020, a organização das finanças públicas no âmbito federativo e aspectos gerais das prestações de contas dos gestores públicos.

Consideramos, assim, que as abordagens realizadas, sob diferentes perspectivas, são contribuições importantes para o esclarecimento e a boa aplicação da Lei nº 173/2020 pelos gestores públicos.

A publicação deste *e-book* reafirma o compromisso do TCE-RS, do IRB, da ATRICON e do CNPTC com a produção de conhecimento e informação de caráter orientativo, indispensável ao cotidiano da gestão pública, e para superação de momentos excepcionais como o que vivemos hoje, e para os quais é esperado o esforço colaborativo de todos, sociedade e Estado.

Boa leitura!

Estilac Martins Rodrigues Xavier
Conselheiro Presidente do Tribunal de Contas do
Estado do Rio Grande do Sul.

INTRODUÇÃO

O ano de 2020, ano em que o novo Coronavírus – Covid-19 impactou a vida de bilhões de pessoas com reflexos na economia mundial, será um ano que certamente ficará marcado na história mundial. Em 11 de março de 2020, a Organização Mundial da Saúde (OMS) reconheceu a Covid-19 com o *status* pandemia.

No Brasil, não foi diferente. O Congresso Nacional, por meio do Decreto Legislativo nº 06, de 20 de março de 2020, reconheceu, para os fins do art. 65 da Lei de Responsabilidade Fiscal, a ocorrência de calamidade pública a partir de solicitação encaminhada pela presidência da República.

A partir daí, uma série de decretos foram editados com o objetivo de flexibilizar regras que tornassem os fluxos mais ágeis ao mesmo tempo que o Governo Federal liberou um grande volume de recursos aos entes da federação com forma de auxiliar o enfrentamento dos impactos, direta ou indiretamente, decorrentes da pandemia.

Como consequência, houve o aumento do endividamento da União e uma maior preocupação com o equilíbrio fiscal também impactado pela redução na arrecadação decorrente dos efeitos na economia e do aumento de despesas, inclusive aquelas que buscaram apoiar famílias e empresas mais afetadas pelos efeitos da pandemia.

Uma das respostas do Governo Federal para buscar o equilíbrio fiscal foi a edição da Lei Complementar nº 173, de 27 de maio de 2020, que estabeleceu o Programa Federativo de Enfrentamento ao Coronavírus SARS-CoV-2 (Covid-19) ao mesmo tempo que alterou a Lei Complementar nº 101, de 4 de maio de 2000 (Lei de Responsabilidade Fiscal), além de outras providências.

Importante mencionar que essa lei se originou do Projeto de Lei Complementar nº 149, de 2019 (PLP nº 149/19), o chamado Plano Mansueto, que tinha como principal objeto a implantação de um Plano de Promoção do Equilíbrio Fiscal, a partir do qual era imposto aos estados e municípios um forte ajuste fiscal. Com a pandemia, foram realizadas diversas alterações culminando na edição da LC nº 173/20.

Essa lei, embora composta de apenas 11 artigos, causou significativo impacto ao tratar de temas sensíveis os quais foram objetos do evento "Ciclo de debates sobre a LC 173", divididos em painéis, realizado pelo Instituto Rui Barbosa em parceria com o Tribunal de Contas do Estado do Rio Grande do Sul, que contou com grandes especialistas e resultou em artigos, cujo produto final é a edição deste livro.

Os artigos simplificam temas complexos e levam à reflexão sobre os impactos decorrentes da lei. O livro inicia com uma abordagem geral da lei para, na sequência, adentrar num primeiro aspecto sensível ao tratar dos reflexos da Lei Complementar nº 173/20 na área de pessoal. A seguir, o debate gira em torno do art. 9º da LC nº 173/20, o qual, em virtude das divergências de opiniões técnicas que norteiam o tema, apresentou os reflexos orçamentários, contábeis e fiscais da norma.

Ao final, buscou-se avaliar o reflexo da lei na análise das contas de governo, em especial pelo fato de se tratar de último ano de mandato nos municípios brasileiros, em que, além das regras exigidas anualmente, são avaliados itens pontuais e temporários decorrentes do final da gestão.

Leandro Menezes Rodrigues

O NASCIMENTO DA LC Nº 173/2020[1]

RODRIGO LUÍS KANAYAMA

A pandemia da COVID-19, o novo coronavírus, exigiu medidas fiscais drásticas de todos os governos do mundo. Surgiram novas despesas, outras se expandiram, e os orçamentos públicos aprofundaram seus déficits. No Brasil, parte das medidas dos anos passados para reequilíbrio do orçamento público foi suspensa, planejada para retomada num futuro próximo (assim se espera).

A partir de março de 2020, um turbilhão de medidas legislativas fez-se imprescindível para lidar com a nova realidade. Foram tomadas medidas nunca vistas antes, com suspensão de práticas normais da Administração Pública, simplificação do processo de compras públicas, antecipação de pagamento (representadas, por exemplo, pelas Leis nºs 13.979/2020 e 14.035/2020, Medida Provisória nº 961/2020, Emenda Constitucional nº 106/2020 — apelidada de *orçamento de guerra*). Tudo em prol de procedimentos rápidos para que o Estado pudesse responder de forma expedita à pandemia do coronavírus.

A Lei Complementar nº 173 de 2020 (LC nº 173) integra um conjunto de ações legislativas, erigidas desde março de 2020, para combater ou mitigar os efeitos provocados pelo coronavírus, efeitos que perdurarão por muitos anos. Além disso, a LC nº 173 veio para produzir determinadas alterações estruturais na Responsabilidade Fiscal e não apenas resolver questões pontuais e temporárias.

---

[1] Este artigo é o texto da palestra proferida no Ciclo de Debates da LC nº 173/2020, em 14 de agosto de 2020, no TCE do Rio Grande do Sul.

Essa parte final — o fato de ter alterado normas estruturais, que vigerão mesmo após o fim da pandemia — é preocupante. A alteração de regras jurídicas em momentos de comoção social, crises sanitárias, guerras ou calamidade pública pode gerar normas que carregarão equívocos ao serem aplicadas.

Ainda que gestada em momento de normalidade, a Emenda Constitucional nº 95 é um bom exemplo de como regras aprovadas no afogadilho podem trazer erros: o art. 109 do Ato das Disposições Transitórias, alterado pelo art. 1º da Emenda nº 95, contém medidas de contenção de despesas cujo gatilho será ativado apenas após a ultrapassagem dos limites, e não antes (preventivamente), como é a Lei de Responsabilidade Fiscal (LRF – Lei Complementar nº 101/2000). Como nenhum órgão pode encaminhar a proposta orçamentária além dos limites impostos pela Emenda, concretamente as medidas do art. 109 do ADCT tornam-se inócuas.

A própria LC nº 173 possui normas temporárias que são contrárias ao próprio espírito da Lei. Observe-se o inciso IV do art. 8º, que veda até 31 de dezembro de 2021 a admissão e contratação de pessoal, a qualquer título, "ressalvadas as reposições de cargos de chefia, de direção e de assessoramento que não acarretem aumento de despesa, as reposições decorrentes de vacâncias de cargos efetivos ou vitalícios, as contratações temporárias de que trata o inciso IX do *caput* do art. 37 da Constituição Federal, as contratações de temporários para prestação de serviço militar e as contratações de alunos de órgãos de formação de militares". Autoriza, portanto, determinadas contratações militares.

De toda forma, a LC nº 173 altera, também, a LRF. Historicamente, e na maioria das vezes, a LRF foi alterada para ser aprimorada. Foram os casos das Leis Complementares nºs 131/2009 e 156/2016 (que aprimoraram as normas de transparência da gestão fiscal), mas não foi o caso, ao menos aparentemente, da Lei Complementar nº 164/2018 (que mitigou a rigidez das normas aplicáveis aos Municípios). *A priori*, a LC nº 173 também trouxe melhorias à LRF, mas foram poucos os debates no Congresso Nacional. Não faremos a análise do texto da LC nº 173, mas nos concentraremos no processo legislativo para demonstrar a ausência de maiores reflexões em sua aprovação.

O Projeto de Lei Complementar nº 39/2020 — que deu origem à LC nº 173 — foi apresentado em março de 2020 pelo Senador Antonio Anastasia e originalmente era um projeto para regulamentar o parágrafo único do art. 23 da Constituição da República. Este artigo cuida das competências comuns a todos os entes federativos e a intenção do Senador era de apresentar um projeto para organizar a efetivação dessas competências. Pretendia definir normas de cooperação entre entes federativos visando ao equilíbrio das competências, evitando redundâncias e permitindo ação organizada em matéria de saúde.

O Projeto tinha a seguinte ementa: "Dispõe sobre a cooperação federativa na área de saúde e assistência pública em situações de emergência de saúde pública de importância nacional ou internacional, nos termos do inciso II e do parágrafo único do art. 23 da Constituição Federal". A vontade era, em situações como a da pandemia do coronavírus, organizar a atuação e a tomada de decisão por todos os entes federativos (ou grande parte deles).

Durante o processo legislativo, foram sendo apresentadas emendas (45 no Senado), como, por exemplo, as que preveem entrega de recursos financeiros em forma de auxílio aos entes federativos (como, de fato, se concretizou), postergação do pagamento de dívidas dos entes federativos e, finalmente, absorveu parte das normas do Projeto de Lei Complementar nº 149/2019 (PLP nº 149/2019), que, originalmente, era o Plano Mansueto, mas passou a propor (por substitutivo) a alteração da LRF.

A tramitação foi relativamente rápida. O Projeto foi apresentado ao final de março, em maio foi aprovado, dando origem à LC nº 173 (de 27 de maio). A discussão foi breve, principalmente na Câmara dos Deputados (alguns poucos dias).

Indo para a sanção do Presidente da República, houve aposição de vetos a algumas normas. E restaram algumas dúvidas (sobre a aplicação de regras que suspendem benefícios de servidores, ou suspendem prazo de concursos públicos).

A LC nº 173 tem duas partes: temporária e permanente. A parte temporária é a mais extensa e pode ser dividida em normas aplicáveis a 2020 e a 2021 (são normas de enfrentamento do coronavírus). A parte permanente é a que altera a LRF, modificando disposições que terão impacto mesmo após a pandemia. Em nossa visão, normas permanentes, que alteram a estrutura da LRF, dependeriam de maiores debates no seio do Poder Legislativo e da sociedade civil. É essa uma das funções de se ter um Congresso Nacional com duas casas legislativas: para que exista mecanismo de atraso nos debates, evitando tomar decisões sem a devida reflexão.[2]

---

[2] Sobre o sistema de resolução de conflitos entre as casas legislativas: "O sistema de navette ou shuttle é o mais comum dos mecanismos de resolução de conflitos, pois dos 53 casos

Não há dúvidas de que o momento exige normas emergenciais — o mundo é diferente e certas medidas devem ser urgentes. Muitas soluções foram construídas em tempo recorde, inclusive com a participação do Poder Judiciário — por decisões liminares —, do Executivo — por medidas provisórias (grande parte para abertura de créditos extraordinários). Porém, o processo legislativo que resultou alteração da LRF deveria ter ocorrido com maiores reflexões — e só saberemos dos defeitos na redação ou na própria construção da norma após sua aplicação. Não houve participação externa (dos especialistas no Direito Financeiro, dos Tribunais de Contas, técnicos) na feitura da Lei. A participação é fundamental para que seja possível evitar erros da redação, ou mesmo seja possível prever as consequências do ato legislativo.

Além disso, todo o debate que ocorreu no âmbito do Poder Legislativo foi por meios eletrônicos (*videoconferência*), que não se equipara aos debates acalorados que ocorrem presencialmente nos plenários do Poder Legislativo. Os debates a distância por vídeo prejudicam o funcionamento do Congresso Nacional. Por isso, alterar uma regra permanente e tão relevante à Administração Pública é temerário, da forma como foi realizada.

Enfim, o tempo não é apenas escasso, mas é uma importante ferramenta da tomada de decisões governamentais. No Poder Legislativo, o tempo é um valioso componente e, nas mãos daquele que detém o poder de agenda, torna-se ferramenta para definir os efeitos do próprio poder de legislar.

---

estudados por Tsebelis e Money (1997), utilizavam o sistema de navette como forma principal de resolução de desacordos no processo legislativo entre as Câmaras. Neste sistema, um projeto de lei passa de uma Casa a outra até que se chegue a um acordo ou até que se aplique alguma regra para deter esse trânsito (Tsebelis, 2009, p. 211). Neste caso, o número de rounds (quantas vezes o mesmo projeto de lei pode ser discutido e votado em cada Câmara) varia conforme a Constituição de cada país. Este é um sistema que fortalece o caráter bicameral da decisão legislativa, isto é, esse método é claramente de natureza bicameral, uma vez que, 'ao requerer a aprovação da legislação por parte de cada Câmara, as trataria em pé de igualdade' (Llanos, 2002, p. 5). Em outras palavras, nenhuma Câmara é privilegiada. Entretanto, se não houver definição do número de rodadas ou outra forma de finalizar o trânsito dos projetos de lei entre as Casas Legislativas, o sistema pode tender à paralisia na tomada de decisões. Por esse motivo, diversos países definem um limite de rodadas ou outras formas de resolução, caso o conflito entre as Casas prolongue-se ou não se chegue a um acordo dentro do número de rodadas estipuladas" (RUBIATTI, Bruno de Castro. Sistema de resolução de conflitos e o papel do Senado como Câmara revisora no bicameralismo brasileiro. Rev. Bras. Ciênc. Polít., Brasília, n. 23, p. 35-74, ago. 2017. Disponível em: http://www.scielo.br/scielo.php?script=sciarttext&pid=S0103-33522017000200035&lng=en&nrm=iso. Acesso em: 27 out. 2020. DOI: http://dx.doi.org/10.1590/0103-335220172302).

Obrigado.

De Curitiba para Porto Alegre, 14 de agosto de 2020.

Informação bibliográfica deste texto, conforme a NBR 6023:2018 da Associação Brasileira de Normas Técnicas (ABNT):

KANAYAMA, Rodrigo Luís. O nascimento da LC nº 173/2020. *In*: CAVALCANTE, Crislayne; RODRIGUES, Leandro Menezes (Coord.). *A Lei Complementar nº 173/2020 e seus desafios*. Belo Horizonte: Fórum, 2021. p. 19-23. ISBN: 978-65-5518-315-3.

O ARTIGO 8º DA LEI COMPLEMENTAR Nº 173/2020 E A NADA INDICADA ELASTICIDADE INTERPRETATIVA: O QUE O APLICADOR DO DIREITO PODE INFERIR COMO COMANDO NORMATIVO?

ANA HELENA SCALCO CORAZZA

A Lei Complementar nº 173/2020, sancionada em 27 de maio de 2020, "estabelece o Programa Federativo de Enfrentamento ao Coronavírus SARS-CoV-2 (Covid-19), altera a Lei Complementar nº 101, de 04 de maio de 2000, e dá outras providências". Não necessitando de maiores apresentações, trata a norma, em síntese, do auxílio financeiro da União a Estados e Municípios, para amparo às ações de enfrentamento ao COVID-19, ao que estabelece, em contrapartida, uma série de exigências e vedações na área de pessoal, as quais impactam gestores e servidores públicos, a partir de 28.05.2020.

Tem a LC nº 173/2020 distintos nichos: a concessão de auxílio financeiro pela União aos demais entes federados,[1] flexibilização da métrica rígida de gestão fiscal, a introdução de alterações definitivas na Lei de Responsabilidade Fiscal (LC nº 101/00), arts. 21 e 65 desta[2]

---

[1] Inserem-se aí, em suma, três blocos de medidas que representam auxílio financeiro da União para os Estados e Municípios: a) suspensão dos pagamentos das dívidas contratadas entre União e os demais entes federativos, b) possibilidade de reestruturação de operações de crédito interno e externo junto ao sistema financeiro e instituições de crédito e c) entrega de recursos da União, na forma de auxílio financeiro, aos Estados, ao Distrito Federal e aos Municípios, no exercício de 2020, e em ações de enfrentamento ao Covid-19.

[2] Regrada pelo art. 7º.

e, por fim, a parte que visa obstar o crescimento da principal despesa obrigatória de caráter continuado no setor púbico, que é a despesa com pessoal. O efeito temporal das vedações na área de pessoal abrange o atual exercício, 2020, e o próximo, 2021.

Com efeito, não obstante ser a LC nº 173/2020 uma norma de natureza financeira, com pilastra no art. 163, inciso I, da Constituição Federal de 1988, o artigo 8º constitui a parte transitória da norma e traz efeitos diretos sobre o direito administrativo e seus agentes públicos. Os operadores do direito, circundados pelas nada usuais circunstâncias que justificaram a edição da LC nº 173/2020 e com as dificuldades técnicas decorrentes da redação empregada em alguns de seus dispositivos, deparam-se com desafio de acomodar os comandos do artigo 8º ao sistema jurídico-constitucional.

Desta feita, toda a orientação dada nesse campo baseia-se, notadamente, na colheita da melhor informação possível dentro de um cenário no qual sequer a ciência traz respostas absolutas. Ainda que se presuma a contenção na criatividade exegética, já se constata um verdadeiro abismo de posições quanto aos comandos que se extraem da referida norma, situação que é facilitada por ocasião da autonomia conferida a cada ente em dispor sobre direitos e obrigações de seus servidores.

Tramitaram junto ao Supremo Tribunal Federal distintas Ações Diretas de Inconstitucionalidade[3] em face dos dispositivos da LC nº 173/2020 e, na maior parte delas a insurgência está direcionada aos incisos do artigo 8º. A potencialidade de eventual declaração de inconstitucionalidade residia, em termos bastante gerais, nas seguintes alegações dos proponentes das ações: a) de que a LC nº 173/2020 viola o pacto federativo (porque a União está legislando sobre o regime jurídico dos servidores públicos dos Estados e Municípios); b) de que a norma viola o Direito Adquirido dos servidores, ao vetar a aquisição de direito pelo decurso do tempo de serviço; e c) de que há violação ao art. 37, inciso X, da CF/88, que garante a revisão geral anual como direito constitucional. Soma-se a tais argumentos, àqueles de cunho formal, no sentido de que houve vício de iniciativa legislativa e faltam deliberações parlamentares em face do voto virtual.[4]

---

[3] Vide: ADI nº 6.442, ADI nº 6.450, ADI nº 6.447, ADI nº 6.525, ADI nº 6.526, ADI nº 6.541, ADI nº 6.542.

[4] Ressalta-se que após a redação desse artigo o STF apreciou a constitucionalidade da LC nº 173/2020, julgando improcedente o pleito contido na ADI nº 6.450, cujo excerto da

A primeira questão que sobressai em termos de dissidência, portanto, diz com a competência. Isso considerando que o regime jurídico dos servidores estatutários é atribuição de cada ente, em face de sua autonomia e, assim, cada suporte fático posto nas normas de regência traz contornos específicos quantos aos direitos e deveres de seus servidores, o que demanda verificação particularizada. De qualquer sorte, sendo a LC nº 173/2020 norma de direito financeiro, ainda que em momento de exceção, acaba por subsumir ao art. 163, inciso I, da CF/88, revelando medida de *federalismo cooperativo*. Inclusive porque, embora a principal despesa obrigatória de caráter continuado seja a de pessoal, corporificando o alvo do art. 8º, sabe-se da vasta gama de instrumentos legislativos outros, editados e sensíveis ao contexto, que objetivam facilitar contratações e aquisições, flexibilizando procedimentos em prol da agilidade na gestão e, especialmente, do interesse público local. Trata-se, efetivamente, de um regime legal fiscal e administrativo excepcional.

Dito isso, embora indicado o conhecimento dessas ADIs junto ao Pretório Excelso, sinaliza-se que a verificação de existência de inconstitucionalidade em uma norma não significa que essa será efetivamente declarada inconstitucional pelo STF, ou mesmo não é possível adiantar se a interpretação dessa inconstitucionalidade será modulada pela Corte (e de que forma). Rememora-se, apenas a título ilustrativo, que, desde 2008, especificamente no Direito Português, há a consolidação daquilo que se denominou de *Jurisprudência de Crise*.[5] Isto é, situações

---

ementa dispõe da seguinte forma: "AÇÕES DIRETA DE INCONSTITUCIONALIDADE. LEI COMPLEMENTAR 173/2020. PROGRAMA FEDERATIVO DE ENFRENTAMENTO AO CORONAVÍRUS (COVID-19). ALTERAÇÕES NA LEI DE RESPONSABILIDADE FISCAL - LC 101/2000. PRELIMINARES. CONHECIMENTO PARCIAL DA ADI 6442. § 5º DO ART. 7º. NORMA DE EFICÁCIA EXAURIDA. MÉRITO. ARTS. 2º, § 6º; 7º E 8º. CONSTITUCIONALIDADE RESPONSABILIDADE FISCAL. COMPETÊNCIA LEGISLATIVA DA UNIÃO. CONSTITUCIONALIDADE MATERIAL. PRINCÍPIOS FEDERATIVO E DA SEPARAÇÃO DOS PODERES. PADRÕES DE PRUDÊNCIA FISCAL. MECANISMOS DE SOLIDARIEDADE FEDERATIVA FISCAL. ENFRENTAMENTO DE CRISE SANITÁRIA E FISCAL DECORRENTES DA PANDEMIA. COMPETÊNCIA BASEADA NO ART. 169 DA CONSTITUIÇÃO FEDERAL. AUSÊNCIA DE VIOLAÇÃO AOS PRINCÍPIOS DA EFICIÊNCIA, DA IRREDUTIBILIDADE DE VENCIMENTOS, DA PROPORCIONALIDADE, DA VEDAÇÃO AO RETROCESSO. DEVIDO PROCESSO LEGAL. RENÚNCIA DE DEMANDA JUDICIAL. NORMA DE CARÁTER FACULTATIVO. COMPETÊNCIA DO SUPREMO TRIBUNAL FEDERAL PARA DIRIMIR CONFLITOS FEDERATIVOS. IMPROCEDÊNCIA".

[5] A título meramente elucidativo: "Experiências recentes do Direito Comparado, embora não equiparáveis à magnitude global da situação vivenciada na crise do Coronavírus, ilustram as tensões entre o constitucionalismo e a necessária proteção de Direitos Sociais em regimes de excepcionalidade financeira. Destaco, no ponto, a experiência Portuguesa

sociais e econômicas de intensa magnitude justificaram a flexibilização na aplicação de direitos constitucionais em face de medidas de austeridade. Embora não tenha ainda a Corte brasileira se valido dessa ideia, é tendência que o Direito Comparado aponta.

Com efeito, partindo-se, então, da plena vigência e da presunção de constitucionalidade da *novel* norma, alguns pactos de compreensão merecem reforço: por primeiro, registra-se que todos os Estados e Municípios estão sujeitos às proibições do art. 8º — o que decorre da redação atribuída pela legislação ao art. 65 da LC nº 101/2000, especialmente seu §1º, que prevê a hipótese de calamidade pública reconhecida pelo Congresso Nacional em todo o território nacional. Destarte, as proibições transitórias estabelecidas pelo art. 8º da LC nº 173/2020 (regime fiscal de exceção fundado na calamidade pública reconhecida pelo Congresso Nacional pelo Decreto Legislativo nº 6, de 20.03.2020) se estendem a todos os entes federativos, tenham decretado, ou não, essa situação em sua circunscrição.

Outro ponto apto a gerar dissidência é o marco inicial da produção de efeitos das vedações do art. 8º. Quanto à celeuma, verificam-se duas leituras possíveis, com uma clara deferência, neste trabalho, pela segunda: a que considera a incidência da LC nº 173/2020 desde 20.03.2020 (data de publicação do Decreto Legislativo nº 6/2020[6]) até 31.12.2021, e a que compreende a incidência desde 28.05.2020 (data da publicação da LC nº 173/2020) até 31.12.2021. Isso sob o argumento de que o *caput* do art. 8º faz remissão ao art. 65 da LC nº 101/2000. Não obstante, em face do comando normativo do art. 11,[7] parece restar superada a ideia de retroação à data de publicação do Decreto Legislativo.

Da mesma forma, no tocante às leis editadas entre 20.03.2020 e 27.05.2020, entende-se devam ser lidas como "anteriores à calamidade pública", para os fins do art. 8º da LC em voga. Já quanto ao marco final das vedações, inquestionável é que, independentemente da data estipulada para o fim da calamidade (que pode vir a ser prorrogada

---

em que a Corte Constitucional, em meados de 2011, em casos relacionados a políticas de austeridade, passou a produzir o que se tem chamado jurisprudência da crise". Disponível em: https://www.conjur.com.br/2020-abr-11/observatorio-constitucional-jurisprudencia-crise-pensamento-possivel-caminhos-solucoes-constitucionais#sdfootnote2sym. Acesso em: 26 out. 2020.

[6] Reconhece, para os fins do art. 65 da Lei Complementar nº 101, de 4 de maio de 2000, a ocorrência do estado de calamidade pública, nos termos da solicitação do Presidente da República encaminhada por meio da Mensagem nº 93, de 18 de março de 2020.

[7] Art. 11. Esta Lei Complementar entra em vigor na data de sua publicação.

pelos entes), se estendem até o final do exercício de 2021, conforme *caput* do art. 8º.

Nesta seara, não bastasse o cenário de contingenciamento trazido pela edição da lei complementar em comento, para os entes municipais, até 31.12.2020, os atos administrativos estão sob severa regulamentação. Isso porque a legalidade de qualquer ato administrativo deve, até o final do período referido, ser analisada à luz de três fontes normativas: a) a do artigo 8º da Lei Complementar nº 173/2020, trazendo proibições temporárias relacionadas à geração de despesas com pessoal; b) da Lei Complementar nº 101/2000, LRF, que veda no artigo 21 (alterado pelo art. 7º da LC nº 173/2020[8]) o aumento de despesas nos últimos 180 dias do mandato, a contar, portanto, ao menos incialmente, de 05.07.2020,

---

[8] Art. 21. É nulo de pleno direito: (Redação dada pela Lei Complementar nº 173, de 2020)

I – o ato que provoque aumento da despesa com pessoal e não atenda:

a) às exigências dos arts. 16 e 17 desta Lei Complementar e o disposto no inciso XIII do caput do art. 37 e no §1º do art. 169 da Constituição Federal; e (Incluído pela Lei Complementar nº 173, de 2020)

b) ao limite legal de comprometimento aplicado às despesas com pessoal inativo; (Incluído pela Lei Complementar nº 173, de 2020)

II – o ato de que resulte aumento da despesa com pessoal nos 180 (cento e oitenta) dias anteriores ao final do mandato do titular de Poder ou órgão referido no art. 20; (Redação dada pela Lei Complementar nº 173, de 2020)

III – o ato de que resulte aumento da despesa com pessoal que preveja parcelas a serem implementadas em períodos posteriores ao final do mandato do titular de Poder ou órgão referido no art. 20; (Incluído pela Lei Complementar nº 173, de 2020)

IV – a aprovação, a edição ou a sanção, por Chefe do Poder Executivo, por Presidente e demais membros da Mesa ou órgão decisório equivalente do Poder Legislativo, por Presidente de Tribunal do Poder Judiciário e pelo Chefe do Ministério Público, da União e dos Estados, de norma legal contendo plano de alteração, reajuste e reestruturação de carreiras do setor público, ou a edição de ato, por esses agentes, para nomeação de aprovados em concurso público, quando: (Incluído pela Lei Complementar nº 173, de 2020)

a) resultar em aumento da despesa com pessoal nos 180 (cento e oitenta) dias anteriores ao final do mandato do titular do Poder Executivo; ou (Incluído pela Lei Complementar nº 173, de 2020)

b) resultar em aumento da despesa com pessoal que preveja parcelas a serem implementadas em períodos posteriores ao final do mandato do titular do Poder Executivo. (Incluído pela Lei Complementar nº 173, de 2020)

§1º As restrições de que tratam os incisos II, III e IV: (Incluído pela Lei Complementar nº 173, de 2020)

I – devem ser aplicadas inclusive durante o período de recondução ou reeleição para o cargo de titular do Poder ou órgão autônomo; e (Incluído pela Lei Complementar nº 173, de 2020)

II – aplicam-se somente aos titulares ocupantes de cargo eletivo dos Poderes referidos no art. 20. (Incluído pela Lei Complementar nº 173, de 2020)

§2º Para fins do disposto neste artigo, serão considerados atos de nomeação ou de provimento de cargo público aqueles referidos no §1º do art. 169 da Constituição Federal ou aqueles que, de qualquer modo, acarretem a criação ou o aumento de despesa obrigatória. (Incluído pela Lei Complementar nº 173, de 2020).

bem como a edição de atos que aumentem despesa e que tenham efeitos postergados para futuras legislaturas; e c) da Lei Federal nº 9.504/97, Lei Eleitoral, que veda a prática de determinados atos nos três meses anteriores ao pleito, incluindo a admissão de servidores.

Complexa parece a aplicação literal dos novos incisos do art. 21 da LRF (*vide* incisos III e IV), conjugado com os remanescentes, parecendo clara a intenção do legislador em resguardar o erário, ao vedar qualquer prodigalidade dos atuais gestores em relação aos seus sucessores, já que impede a atribuição de efeitos postergados aos atos administrativos que gerem despesas — e isso independentemente do período de final de mandato. O inciso III, portanto, soa como a principal novidade trazida no art. 21 da lei fiscal.

Note-se, nessa linha, que o art. 21 da LRF veda, nos últimos 180 dias do final do mandato, nos termos do inciso II, "o ato de que resulte aumento da despesa com pessoal", o que se estende, por força do inciso IV, à "aprovação, edição ou sanção [...] de norma legal contendo plano de alteração, reajuste e reestruturação de carreiras do setor público, ou a edição de ato, por esses agentes, para nomeação de aprovados em concurso público". Dessa forma, quanto ao art. 21, inciso IV, se infere que configuram vedações dirigidas à edição de atos legislativos, não se estendendo à concretização de direitos que já encontrem determinação em norma local pretérita.

Ademais, vê-se que as novas alíneas, "a" e "b", do inciso IV, do art. 21, são expressas ao referir a existência de aumento da despesa com pessoal decorrente da conduta do gestor ou legislador, o que permite concluir que, se demonstrado e comprovado que não houve o incremento dessa despesa, apesar da edição do referido ato (o que pode ocorrer mediante medidas de compensação, por exemplo), as situações previstas no inciso IV estão autorizadas.

No entanto, exclusivamente em termos do art. 21 da LRF, ao menos quanto ao intérprete, reflete-se que, caso restritivamente pensado, poderá colidir com o princípio da continuidade da Administração Pública e, por isso, especialmente aqui, urge a extração de uma exegese racional da norma, mas que, em todos os casos, não redunde em qualquer hipótese de invalidação pela via interpretativa.[9]

---

[9] Em face do recorte metodológico e temporal necessário à produção deste pequeno ensaio, sugere-se que o ponto seja refletido em cotejo com a recente posição do STF quanto à Emenda Constitucional nº 106/2020.

Noutro giro, quanto às vedações do artigo 8º mais discutidas, sobressai o famigerado inciso IX. Acerca deste, inteleção que se aplica igualmente aos incisos I e VI, não há alternativa: é imperioso que todos aqueles a quem compete dar concretude à norma (servidores, assessores, controladores, legisladores, gestores etc.) extraiam a melhor hermenêutica possível, a partir do exame particularizado das regras de regência locais (Estatutos e Planos de Carreira, via de regra). Nesse sentido, não se pode prescindir do exame do suporte fático das inúmeras terminologias que definem, em lei, as vantagens temporais dos servidores públicos.

O inciso IX veda que se compute, para fins de formação de período aquisitivo para a concessão de anuênios, triênios, quinquênios, licenças-prêmio "e demais mecanismos equivalentes que aumentem a despesa com pessoal em decorrência da aquisição de determinado tempo de serviço" o período compreendido entre 28.05.2020 e 31.12.202. Dispôs, ainda, não existir prejuízo para o tempo de efetivo exercício, aposentadoria e quaisquer outros fins. A proibição da contagem do tempo só abrange direitos (ou mecanismos equivalentes) decorrentes da aquisição de tempo, de forma automática, não se aplicando a todos os demais que também considerem outros critérios, como o merecimento ou a formação. Para estas últimas, não haverá, em qualquer hipótese, a suspensão do tempo de serviço, que permanecerá sendo computado para esse fim, mesmo no período sinalizado, o que significa, ao menos *a priori*, que essas vantagens permanecem sendo concedidas, independente da data de solicitação pelo servidor, pois não se trata de direito formativo.

Tem-se compreendido que as vantagens que decorram da evolução do servidor na carreira estariam fora da incidência do inciso IX. Porém a análise merece ser aprofundada no tocante aos vocábulos *progressão e promoção*.[10] Explica-se. Usualmente a primeira é disposta como a alteração de padrão dentro de uma mesma classe, sem mudança de cargo pelo titular (configurando um avanço horizontal),[11] e a segunda, via de regra, se trata de provimento de forma derivada na carreira, com a soma de novas atribuições (e alteração de cargo). No entanto, essa compreensão, embora mais comum, pode não ser a realidade normativa de um dado órgão público, isso a depender de cada Plano de Carreira

---

[10] Em regra, nos dois casos há aumentos de vencimentos.
[11] Exemplo: progressão de grau A para o B, com consequente aumento da remuneração do servidor.

de regência — a partir do suporte fático-jurídico que discipline tais direitos dos servidores.

Dessa forma, ainda que com extrema deferência às manifestações que seguiram em ato contínuo à publicação da LC nº 173/2020 — as quais foram necessárias e de vanguarda, destaca-se, em um cenário ainda nebuloso e de questionável constitucionalidade —, ousa-se dizer que é momento de aprofundamento. Ou seja, é preciso superar a alegação reducionista, calcada no método de interpretação histórico da norma,[12] de que as promoções e progressões foram retiradas do texto da LC nº 173/2020, e, assim, não se encontram vedadas.

Veja-se que, para essa natureza de vantagens, é possível que as leis de regência consignem requisitos de formação, aliados ao transcurso de determinado período de tempo no exercício do cargo, por exemplo,[13] ou as disponham como automáticas (implemento do requisito exclusivamente após o servidor completar o interstício temporal). Nesta última hipótese, ainda, é comum que a legislação preveja o critério tido como *positivo* (transcurso temporal), mas, também, critérios *negativos* (ausência de faltas injustificadas e assiduidade, por exemplo). E, na regulamentação das promoções ou progressões, mesmo havendo eventual positivação do aqui denominado *critério negativo* (o qual pode operar como causa suspensiva ou interruptiva do implemento do direito), não se descaracteriza a vantagem como decorrente exclusivamente do tempo de serviço — automática, portanto.

Outro ponto que merece menção está no art. 8º, inciso IV,[14] no qual há a autorização para contratações excepcionais, nos termos do inciso IX do art. 37 da CF/88. A abertura da lei a essa possibilidade, no entanto, requer a observância conjunta de uma série de disposições. A começar pela interpretação constitucional no bojo do RE nº 658.026 (Tema de Repercussão Geral nº 612), que estipula uma série de diretrizes para tal vínculo com a Administração Pública. Não bastasse, vários

---

[12] Avaliando, portanto, os processos de criação da norma e trabalhos legislativos preparatórios.

[13] É o caso das promoções por merecimento.

[14] Art. 8º Na hipótese de que trata o art. 65 da Lei Complementar nº 101, de 4 de maio de 2000, a União, os Estados, o Distrito Federal e os Municípios afetados pela calamidade pública decorrente da pandemia da Covid-19 ficam proibidos, até 31 de dezembro de 2021, de: [...] IV – admitir ou contratar pessoal, a qualquer título, ressalvadas as reposições de cargos de chefia, de direção e de assessoramento que não acarretem aumento de despesa, as reposições decorrentes de vacâncias de cargos efetivos ou vitalícios, as contratações temporárias de que trata o inciso IX do caput do art. 37 da Constituição Federal, as contratações de temporários para prestação de serviço militar e as contratações de alunos de órgãos de formação de militares; [...].

Tribunais de Contas dispõem de forma semelhante em suas orientações normativas. Entre tais parâmetros, aponta-se a previsão do contrato em lei local, o prazo por tempo determinado previsto no regramento e que a contratação não seja para o exercício de atividades de caráter ordinário. A tese fixada nesse Recurso Extraordinário pelo STF, no entanto, parece estar relativizada no ponto em que veda a contratação para os serviços ordinários permanentes do Estado "que devam estar sob o espectro das contingências normais da Administração", justamente pelo atual contexto de excepcionalidade jurídica.

No mesmo inciso, dispõe-se que fica proibido, de 28.05.2020 até 31.12.2021, admitir ou contratar pessoal, a qualquer título, ressalvadas as reposições de cargos de chefia, de direção e de assessoramento que não acarretem aumento de despesa e as reposições decorrentes de vacâncias de cargo efetivo ou vitalício. Ou seja, a leitura é a de que ficam permitidas apenas as reposições de cargos (não permitindo qualquer hipótese de primeiro provimento, portanto), tanto de servidores efetivos como de ocupantes de cargos comissionados.

Ademais, no que concerne às vedações para a admissão de titulares de cargo em comissão, é imperativo que as reposições não acarretem aumento de despesa. Há uma vagueza no texto do inciso IV no que tange à definição exata do marco temporal para aferir o eventual aumento de despesa com pessoal exigido. O mesmo vácuo ocorre quanto à existência de algum lapso de tempo que deva ser obedecido entre a vacância do cargo e o ato de reposição.

A compreensão restritiva tem sido adotada em trabalhos técnico--jurídicos, no sentido de que a data da publicação da LC nº 173/2020 (28.05.2020) se prestaria para os dois fins: servir de parâmetro para a avaliação métrica do aumento de despesa com pessoal, bem como para estabelecer o momento após o qual seriam possíveis as reposições para preencher os cargos vagos. No entanto, nesse particular, há posicionamentos mais recentes que merecem ser sopesados. Estes vão no sentido de que seria juridicamente adequada adoção de uma interpretação exclusivamente literal do disposto no inciso IV, artigo 8º, "de modo a considerar que toda e qualquer vacância de cargo efetivo ou vitalício, independente de quando tenha ocorrido, poderá ser preenchida durante a vigência do regime restritivo de que trata o caput do art. 8º da LC nº 173, de 2020".[15]

---

[15] Parecer SEI nº 13.053/2020/ME. Ministério da Economia. Procuradoria-Geral da Fazenda Nacional.

Já no tocante à possibilidade de concessão de revisão geral anual aos servidores, à luz do disposto no art. 37, inciso X, da CF/88, no mínimo três modulações já foram extraídas do art. 8º, incisos I e VIII.[16] Uma delas, mais restritiva, não vislumbra qualquer inferência de abertura à concessão da RGA na lei complementar, por entender soberano o comando do inciso I. Outra, por salientar a distinção entre os signos *reajuste e revisão geral anual*, entende que a última não teve menção expressa na LC nº 173/2020 e, por isso, em face da opção do legislador, o método histórico de interpretação permite uma hermenêutica concessiva da revisão geral (em qualquer índice de medição da inflação). E há, também, a compreensão de que a leitura sistemática dos incisos I e VIII do art. 8º autoriza, efetivamente, a edição legislativa e consequente produção de efeitos remuneratórios, da revisão geral anual, porém limitada ao índice posto no inciso VIII, IPCA.[17]

A filiação à última hipótese parece razoável (como as demais, destaca-se), se levado em conta, naturalmente, que a concessão do regime geral anual não é um direito absoluto do servidor ao não se converter em direito à indenização, no caso de o projeto de lei respectivo não ser encaminhado à Casa Legislativa, pelo chefe de Poder Executivo, conforme RE nº 565089, STF — ainda que este último deva justificar o não cumprimento de sua obrigação constitucional. Dessa forma, no caso de o Chefe de Poder Executivo verificar a ausência de condições financeiro-orçamentárias para essa adequação vencimental, ainda que julgue possível, em face da LC nº 173/2020, o não encaminhamento do projeto de lei respectivo, mesmo que eventualmente havendo previsão para a despesa na Lei de Diretrizes Orçamentárias e na Lei Orçamentária Anual, não configurará direito à indenização do servidor.

Assim, cada ente federado terá de avaliar a realidade local que trará a possibilidade, ou não, de recomposição da perda aquisitiva decorrente da inflação aos integrantes de seu quadro de cargos. Nesse

---

[16] Lembrando: Art. 8º Na hipótese de que trata o art. 65 da Lei Complementar nº 101, de 4 de maio de 2000, a União, os Estados, o Distrito Federal e os Municípios afetados pela calamidade pública decorrente da pandemia da Covid-19 ficam proibidos, até 31 de dezembro de 2021, de: [...] I – conceder, a qualquer título, vantagem, aumento, reajuste ou adequação de remuneração a membros de Poder ou de órgão, servidores e empregados públicos e militares, exceto quando derivado de sentença judicial transitada em julgado ou de determinação legal anterior à calamidade pública; [...] VIII – adotar medida que implique reajuste de despesa obrigatória acima da variação da inflação medida pelo Índice Nacional de Preços ao Consumidor Amplo (IPCA), observada a preservação do poder aquisitivo referida no inciso IV do caput do art. 7º da Constituição Federal;

[17] Índice Nacional de Preços ao Consumidor Amplo (IPCA).

escopo, à luz do decidido pelo Pretório Excelso no RE nº 905.357, STF, pode ser consignada essa previsão nas leis orçamentárias (LOA e LDO), ainda que não seja editada lei que autorize seus efeitos remuneratórios concretos (neste caso, não havendo suporte jurídico para o seu pagamento). Ou seja, em qualquer caso, é indicada a programação orçamentária da RGA, ainda que a decisão política e/ou a melhor interpretação local seja pela vedação desta concessão, por ocasião do artigo 8º, inciso I.

Por fim, na falta de critérios sólidos para aplicar a LC nº 173/2020 — não obstante seja vinculativo operar com base em sua presunção de constitucionalidade —, pontua-se que, mais do que em tempos de normalidade jurídica e epidemiológica, deve-se trazer à *práxis* a racionalidade da Lei nº 13.655/2018, que trouxe alterações na LINDB.[18] Diz-se isso porque a observância das diretrizes da LC nº 173/2020 deve avaliar as consequências práticas que advêm do ato administrativo respectivo. Consequências essas que não se circunscrevem, *in casu*, ao âmbito das finanças públicas, já que as contingências epidemiológicas das cidades brasileiras, e as demais dificuldades reais do gestor decorrentes da implementação do "congelamento de gastos", compõem o cenário jurídico contemporâneo.

Incontestavelmente, cumpre ao aplicador do direito, *lato sensu*, e inclusive ao ordenador de despesas, a utilização das ferramentas diretivas que a Lei nº 13.655/2018 trouxe ao direito administrativo pátrio. Não obstante, a opção local com base nas consequências práticas deve ter pilastra jurídica e em farta documentação comprobatória de seu trâmite e justificativa (inclusive quanto às alternativas sopesadas), cuja legalidade e legitimidade possam ser verificadas *a posteriori*. Notadamente, quando se tratar de regra que deriva da autonomia legislativa própria, como aquelas que são a direção do art. 8º.

Reitera-se, ao cabo, ainda que óbvio, que os apontamentos realizados no Ciclo de Debates sobre a LC nº 173/2020, organizado pelo TCE/RS em conjunto com o Instituto Rui Barbosa, com alterações pontuais feitas neste ensaio, poderão, ainda, sofrer readequações num futuro próximo. Isso na medida em que as dissidências hermenêuticas forem se assentando, especialmente após o STF sedimentar sua posição quanto à constitucionalidade da norma. Nesse sentido, a preocupação aqui posta foi trazer as teses defensáveis relativas à *novel* norma, no âmbito da área de pessoal, com a clara tentativa metodológica de evitar

---

[18] Decreto-Lei nº 4.6572, de 4 de setembro de 1942 (Lei de Introdução às Normas do Direito Brasileiro).

qualquer forma de "invalidação" da referida lei complementar por meios interpretativos deveras elásticos, em decoro à vontade institucional legitimada.

Então, se buscou neste breve ensaio, tão somente, subsidiar a compreensão do aplicador da norma na hercúlea tentativa de extrair a *resposta correta*[19] em cada um dos comandos do art. 8º da LC nº 173/2020.

Informação bibliográfica deste texto, conforme a NBR 6023:2018 da Associação Brasileira de Normas Técnicas (ABNT):

CORAZZA, Ana Helena Scalco. O artigo 8º da Lei Complementar nº 173/2020 e a nada indicada elasticidade interpretativa: o que o aplicador do direito pode inferir como comando normativo? *In*: CAVALCANTE, Crislayne; RODRIGUES, Leandro Menezes (Coord.). *A Lei Complementar nº 173/2020 e seus desafios*. Belo Horizonte: Fórum, 2021. p. 25-36. ISBN: 978-65-5518-315-3.

---

[19] Tendo como clara referência o que se denomina de hard cases quando do estudo da controlabilidade da decisão judicial.

APONTAMENTOS SOBRE A LEI COMPLEMENTAR Nº 173/2020: EVOLUÇÃO DAS DESPESAS COM PESSOAL E ASPECTOS BASILARES DO ARTIGO 8º

VITOR MACIEL DOS SANTOS

Face ao cenário calamitoso produzido pela COVID-19, autoridades de todo o mundo começaram a adotar medidas emergenciais para enfrentar a pandemia, dela decorrente, e seus danos catastróficos.

O panorama no Brasil não foi diferente do resto do mundo, entretanto, não apenas os aspectos sanitários, econômicos e financeiros tornaram-se pauta no âmbito das entidades do setor público nacional, mas principalmente os desafios intelectuais necessários à interpretação assertiva do volumoso compêndio normativo exarado pelos órgãos competentes.

Indubitavelmente, o contexto apresentado figura-se como inédito para os Gestores Públicos, Operadores do Direito, Profissionais da Contabilidade e integrantes das instâncias de controle, de um modo geral. Daí se extrai o seguinte questionamento: a interpretação dos diplomas normativos, destinados ao enfrentamento da COVID, e as regras para aplicação e controle dos recursos necessários à atenuação dos agravos produzidos pela pandemia, trata-se meramente de hermenêutica, bom senso dos estudiosos/executores, ou ativismo jurisdicional dos órgãos de controle?

Acontece que discutir sobre razões ensejadoras dos diversos entendimentos, intitulados pela doutrina jurídica de direito provisório, figura-se como coadjuvante, se comparado à imperiosa necessidade de prestigiar a verdadeira intenção do legislador, para conter os danos produzidos pela famigerada pandemia, que é a legitimação para a execução assertiva das políticas públicas por parte de seus atores. Por esta razão, a relativização descabida na interpretação da norma em pauta, diga-se, a conveniência do "freguês", torna-se infrutífera e ineficaz, ante a efetiva necessidade da imediata atuação estatal.

Inúmeras Medidas Provisórias, Portarias e Leis específicas, destinadas às diversas áreas governamentais, em especial à saúde, foram editadas com o intuito da mitigar as dificuldades financeiras e sanitárias, decorrentes do estado de calamidade pública provocado pela COVID-19, entre as quais a Lei Complementar nº 173/2020, originária do Projeto de Lei nº 39/2020, publicada no *Diário Oficial da União* em 28 de maio de 2020. A referida norma estabelece o Programa Federativo de Enfrentamento ao Coronavírus SARS-CoV-2, trazendo, essencialmente, um conjunto de ações governamentais estruturadas em 3 (três) premissas basilares:

I – *Incrementos de receita*, por intermédio do Auxílio financeiro de R$60 (sessenta bilhões de reais), transferidos aos Estados, Distrito Federal e Municípios.[1]

II – *Economia da despesa*, com a Suspensão dos pagamentos das dívidas contratadas com a União (art. 1º, §1º, inciso I); reestruturação de operações de crédito interno e externo junto ao sistema financeiro e instituições multilaterais de crédito (art. 1º, §1º, inciso II); suspensão, para os Municípios, dos pagamentos das dívidas previdenciárias com o RGPS (art. 9º); suspensão, para os Municípios, do recolhimento das contribuições previdenciárias patronais devidas aos respectivos RPPS (art. 9º, §2º).

III – *Introduções de dispositivos permanentes e outros transitórios na LRF.* Nesse quesito, pode-se observar que o legislador buscou criar regras reclamadas pela própria norma fiscal

---

[1] Art. 5º A União entregará, na forma de auxílio financeiro, aos Estados, ao Distrito Federal e aos Municípios, em 4 (quatro) parcelas mensais e iguais, no exercício de 2020, o valor de R$60.000.000.000,00 (sessenta bilhões de reais) para aplicação, pelos Poderes Executivos locais, em ações de enfrentamento à Covid-19 e para mitigação de seus efeitos financeiros, da seguinte forma:
I – R$10.000.000.000,00 (dez bilhões de reais) para ações de saúde e assistência social, sendo:
a) R$7.000.000.000,00 (sete bilhões de reais) aos Estados e ao Distrito Federal; e
b) R$3.000.000.000,00 (três bilhões de reais) aos Municípios;
II – R$50.000.000.000,00 (cinquenta bilhões de reais), da seguinte forma:
a) R$30.000.000.000,00 (trinta bilhões de reais aos Estados e ao Distrito Federal;
b) R$20.000.000.000,00 (vinte bilhões de reais aos Municípios;

e outras decorrentes do estado de exceção, como aquelas previstas no Decreto Legislativo nº 6, que declarou a Calamidade Pública em todo o Território Nacional, e estabeleceu restrições à ampliação de despesa obrigatória, especificamente a despesa com pessoal, dispondo também sobre o tratamento das regras fiscais em caso de calamidade pública e outros aspectos restritivos.

Induvidoso que a LRF já previa a possibilidade de flexibilização fiscal, nos casos do reconhecimento da Calamidade Pública pela Assembleia Legislativa respectiva.[2] Sendo assim, nessa hipótese, ficam suspensas a contagem de prazos para recondução de endividamento, reenquadramento na extrapolação dos gastos com pessoal, bem como a aplicabilidade do instituto da limitação de empenho, nos casos em que, ao final de cada bimestre, as receitas públicas não comportarem o cumprimento das metas de resultado primário ou nominal, estabelecidas no Anexo de Metas Fiscais (art. 9º, LRF). Com o Decreto Legislativo 6º, de março de 2020, houve a ampliação/inserção de alguns dispositivos, mesmo que temporariamente, a exemplo das dispensas de limites e condições para contratação de operações de créditos e recebimento de transferências voluntárias, inclusive pelos inadimplentes, afastadas as vedações e sanções previstas em diversos artigos, inclusive o polêmico artigo 42.[3] Nesse quesito, pode-se afirmar que a LC inaugura e amplifica a abrangência de flexibilização fiscal, decorrente de um cenário cataclísmico, apresentando 2 (dois) contextos para o artigo 65 da LRF: o primeiro, de aplicabilidade natural, com o reconhecimento da Calamidade pela Assembleia Legislativa, e o segundo, quando a calamidade pública for reconhecida pelo Congresso Nacional, em parte, ou na integralidade do território nacional e enquanto perdurar a situação (art. 65, §1º).

---

[2] Lei de Responsabilidade Fiscal, art. 65. Na ocorrência de calamidade pública reconhecida pelo Congresso Nacional, no caso da União, ou pelas Assembleias Legislativas, na hipótese dos Estados e Municípios, enquanto perdurar a situação:
I – serão suspensas a contagem dos prazos e as disposições estabelecidas nos arts. 23, 31 e 70;
II – serão dispensados o atingimento dos resultados fiscais e a limitação de empenho prevista no art. 9º.

[3] Lei de Responsabilidade Fiscal, art. 65 – serão dispensados os limites e afastadas as vedações e sanções previstas e decorrentes dos arts. 35, 37 e 42, bem como será dispensado o cumprimento do disposto no parágrafo único do art. 8º desta Lei Complementar, desde que os recursos arrecadados sejam destinados ao combate à calamidade pública; (Incluído pela Lei Complementar nº 173, de 2020)

Tratando especificamente do art. 8º da LC nº 173/2020, cujo teor apresenta-se como vetor de difusas interpretações entre os gestores e operadores dos órgãos e entidades representativas dos poderes da Federação, é imperioso fazer a leitura preliminar da seção II da LRF – Das Despesas com Pessoal, uma vez que, além dos aspectos conceituais que definem a citada categoria de despesa, a LC trouxe, no referido artigo 8º, novas disposições a serem observadas. A leitura do projeto em tramitação no parlamento (PLP nº 39/2020) revelou que a pretensão inicial se voltava, exclusivamente, para o auxílio financeiro e a suspensão dos pagamentos de débitos constituídos, com a reprogramação para pagamento das dívidas e postergação das vindouras.

Vale lembrar também que o PLP nº 39/2020, ensejador da LC, decorreu da transmutação do PLP nº 149/2019, anterior à pandemia, cujo objetivo fundamental propunha-se a estabelecer um programa para acompanhamento e transparência fiscal, ou seja, um Plano de Promoção do Equilíbrio Fiscal. Em realidade, tratava-se de uma ação de socorro do governo federal aos estados e municípios endividados, que previa a liberação de empréstimos, com o aval da União, em contrapartida à adoção de medidas de ajuste fiscal e melhoria da *performance* no CAPAG — Capacidade de Pagamento[4] dos entes beneficiados.

Por outro lado, não se pode desprezar que, impendentemente da LC nº 173, a redução dos gastos com pessoal não figura como necessidade contemporânea, mesmo porque, independente do contexto pandêmico, a evolução dessas despesas, a fragilidade das leis locais que fixam os planos de cargos e salários, bem como o descompasso das medidas para controle de gastos, apresentam-se como grandes desafios para os gestores públicos de todo o país, revelando-se, também, como os ensejadores de rejeição das contas públicas, na perspectiva do controle exercido pelos Tribunais de Contas Pátrios.

Nesse sentido, a análise das informações relacionadas a Despesas com Pessoal, apresentadas no Boletim de Finanças dos Entes

---

[4] Capacidade de Pagamento (CAPAG) – A análise da capacidade de pagamento apura a situação fiscal dos Entes Subnacionais que querem contrair novos empréstimos com garantia da União. O intuito da CAPAG é apresentar de forma simples e transparente se um novo endividamento representa risco de crédito para o Tesouro Nacional. A metodologia do cálculo, dada pela Portaria MF nº 501/2017, é composta por três indicadores: endividamento, poupança corrente e índice de liquidez. Logo, avaliando o grau de solvência, a relação entre receitas e despesa correntes e a situação de caixa, faz-se diagnóstico da saúde fiscal do Estado ou Município. Os conceitos e variáveis utilizadas e os procedimentos a serem adotados na análise da CAPAG foram definidos na Portaria STN nº 882/2018. Fonte: Tesouro Transparente.

Subnacionais, publicado em 2020 pela Secretaria do Tesouro Nacional (STN), evidencia um crescimento real médio de *10,87% (dez vírgula oitenta e sete por cento)*. Observa-se, a partir daí, uma ascendente expansão dos gastos com pessoal dos Estados da Federação, ao longo dos anos.

Gráfico 1 – Crescimento real da despesa bruta com pessoal entre 2011 e 2019

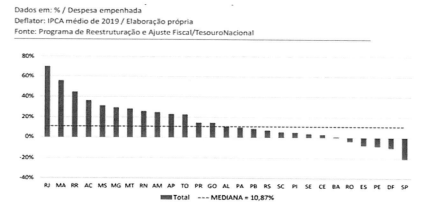

Fonte: Boletim de Finanças dos Entes Subnacionais, 2020 (ME/STN).

O cenário municipal é ainda mais preocupante, se levados em consideração as restrições da atividade econômica, o crescimento vegetativo da folha e a dependência predominante de transferências da União e Estados. Baseado em informações disponibilizadas pela Secretaria do Tesouro Nacional (STN), a Confederação Nacional dos Municípios (CNM) produziu um estudo que indica quedas sucessivas nos repasses do Fundo de Participação dos Municípios (FPM) de 2020 e as perspectivas para 2021.

Gráfico 2 – Comportamento do fundo em 2019 x 2020

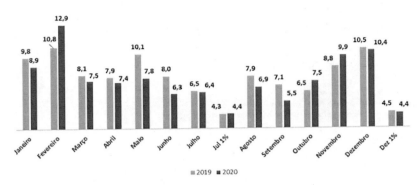

Fonte: Estudos Técnicos/Finanças/CNM – Dez. 2020.

O total repassado em 2020 foi de R$106,1 (cento e seis bilhões e um milhão de reais) com os repasses adicionais de 1% do FPM de julho e dezembro, ante R$110,8 (cento e dez bilhões e oito milhões de reais) de 2019, também contabilizados os repasses extras, detalha o estudo. Os repasses do FPM para 2021 foram projetados a partir do Projeto de Lei Orçamentária Anual (PLOA), no valor de R$90 (noventa bilhões de reais), já descontada a retenção do Fundeb. O estudo alerta que "não há garantia de transferência desses valores, pois os repasses previstos dependem do comportamento real da arrecadação futura". Ao final, conclui que, entre outros aspectos, as baixas nas arrecadações foram *agravadas* pela pandemia do novo Coronavírus.

Mais alarmante ainda é o histórico crescente dos gastos com pessoal, uma vez que tratar da matéria relativa à redução de despesa com pessoal e outras medidas para expansão do aumento das despesas obrigatórias de caráter continuado revelou-se como medida suplementar ao projeto inicial (PLP nº 149/2019). Isso porque a matéria de necessidade iminente, abordada como tema principal no referido projeto de lei, decorre de um desenfreado e histórico aumento de despesas.

A título exemplificativo, mencionam-se os municípios do Estado da Bahia, num cenário passado (2015), para aferição da *representatividade* dos gastos com pessoal na apreciação das contas municipais (prefeitura). Das contas auditadas no ano de 2016, referentes ao exercício financeiro de 2015, o percentual de 47,1% (quarenta e sete vírgula um por cento) representa o quantitativo de contas rejeitadas pelo Tribunal de Contas dos Municípios (TCM/BA).

Gráfico 3 – Prestação de contas das prefeituras apreciadas pelo TCM/BA

Fonte: TCM em números 2016.

Do total das contas apreciadas dos prefeitos, 40,7% (quarenta vírgula sete por cento) foram rejeitadas, por descumprirem, entre outros aspectos, o limite das despesas com pessoal, conforme apresentado no gráfico a seguir:

Gráfico 4 – Irregularidades ensejadoras de rejeição de contas

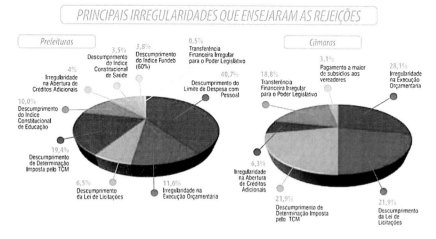

Fonte: TCM em números 2016.

O gráfico *supra* demonstra, objetivamente, não apenas números e percentuais, mas principalmente os desafios históricos dos entes subnacionais para contenção dos gastos desenfreados com pessoal e melhoria na *performance* da máquina arrecadatória. Veja-se que o presente contexto existe independentemente da rigidez das regras fiscais, imputáveis aos entes da federação. O fato é que os entes, historicamente, encontram-se num patamar aquém do esperado pelo legislador e pelos órgãos de controle.

Tratando especificamente do art. 8º da LC nº 173/2020, a leitura atenta do dispositivo revela que as restrições dispostas referem-se ao estado de calamidade pública decorrente da COVID-19, cujo marco temporal finaliza-se em 31 de dezembro de 2021. Em seguida, seus incisos apresentam as medidas restritivas à gestão de pessoal. Veja-se:

> Art. 8º. Na hipótese de que trata o art. 65 da Lei Complementar nº 101, de 4 de maio de 2000, a União, os Estados, o Distrito Federal e os Municípios afetados pela calamidade pública decorrente da pandemia da Covid-19 ficam proibidos, até 31 de dezembro de 2021.
>
> [...].

Dentre as proibições contidas na referida Lei Complementar nº 173/2020, vale destacar os incisos do art. 8º, a seguir elencados:

> Art. 8º
>
> [...]
>
> I – conceder, a qualquer título, vantagem, aumento, reajuste ou adequação de remuneração a membros de Poder ou de órgão, servidores e empregados públicos e militares, exceto quando derivado de sentença *judicial transitada em julgado ou de determinação legal anterior à calamidade pública;*
>
> II – criar cargo, emprego ou função que implique *aumento de despesa;*
>
> III – alterar estrutura de carreira que implique *aumento de despesa;*
>
> IV – admitir ou contratar pessoal, a qualquer título, ressalvadas as reposições de cargos de chefia, de direção e de assessoramento que *não acarretem aumento de despesa,* as reposições decorrentes de vacâncias de cargos efetivos ou vitalícios, as contratações temporárias de que trata o inciso IX do caput do art. 37 da Constituição *Federal, as contratações de temporários para prestação de serviço militar e as contratações de alunos de órgãos de formação de militares;*
>
> V – *realizar concurso público, exceto para as **reposições de vacâncias** previstas no inciso IV;*

*VI – criar ou majorar auxílios, vantagens, bônus, abonos, verbas de representação ou benefícios de qualquer natureza, inclusive os de cunho indenizatório, em favor de membros de Poder, do Ministério Público ou da Defensoria Pública e de servidores e empregados públicos e militares, ou ainda de seus dependentes, **exceto quando derivado de sentença judicial transitada em julgado ou de determinação legal anterior à calamidade;***

*VII – **criar despesa obrigatória de caráter continuado**, ressalvado o disposto nos §§1º e 2º;*

*VIII – adotar medida que implique reajuste **de despesa obrigatória acima da variação da inflação medida pelo Índice Nacional de Preços ao Consumidor Amplo (IPCA)**, observada a preservação do poder aquisitivo referida no inciso IV do caput do art. 7º da Constituição Federal;*

*IX – **contar esse tempo como de período aquisitivo necessário exclusivamente para a concessão de anuênios, triênios, quinquênios, licenças-prêmio** e demais mecanismos equivalentes que aumentem a despesa com pessoal em decorrência da aquisição de determinado tempo de serviço, sem qualquer prejuízo para o tempo de efetivo exercício, aposentadoria, e quaisquer outros fins.*

[...] (Grifos nossos)

Com efeito, imperioso destacar que os incisos supramencionados ressaltam uma das premissas da Lei Complementar nº 173/2020, a saber: a contenção do aumento de despesas.

Frise-se, por oportuno, que inúmeras Ações Diretas de Inconstitucionalidade (ADIs) propostas perante o E. Supremo Tribunal Federal (STF), questionando a legalidade de alguns dispositivos da norma, foram julgadas improcedentes, dentre as quais destacam-se as seguintes: ADI nº 6.447, ADI nº 6.450, ADI nº 6.525 e ADI nº 6.442.

O fato é que, enquanto alguns representantes dos poderes questionam a deterioração da autonomia federativa para contenção de gastos, afrontando a independência de atuação, a Suprema Corte[5] justifica a negativa do provimento das ações citadas, asseverando que as medidas emergenciais para restrições de gastos no âmbito dos estados e municípios, durante a pandemia da Covid-19, não configuram afronta ao federalismo e são consentâneas com as normas da Constituição Federal. As decisões, inclusive, vão mais além: validam a constitucionalidade do art. 8º da norma e reafirmam em plenário que o controle das despesas

---

[5] Voto do ministro Alexandre de Moraes – Plenário virtual: "A partir do momento em que a Constituição Federal permite, em última ratio, como forma de adequação das contas públicas, a dispensa de servidores públicos estáveis (CF, artigo 169, §4º), por muito menos pode-se reputar constitucional a norma que prevê apenas suspensão temporária de direitos que acarretem aumento de despesas públicas em situações de crise financeira".

com pessoal, na pandemia, objetiva a organização e o equilíbrio das finanças públicas do país.

Note-se que a redação dada aos dispositivos do artigo em comento, sem adentrar no particular dos dispositivos questionados da norma, não contém vedação absoluta para a movimentação de pessoas e atos de gestão. Todavia, é importante atentar para as exceções descritas, de modo a evitar atos de gestão atentatórios e cerceadores do patrimônio jurídico dos servidores públicos, pois, além de caracterizar ilegalidade, tal comportamento poderia suprimir direitos efetivamente constituídos.

A partir daí, fica fácil perceber que a leitura da norma reclama cuidados na interpretação, notadamente aquelas atinentes às vedações contidas no artigo 8º, dentre as quais destacam-se os seguintes apontamentos:

> "[...] sentença judicial transitada em julgado ou de determinação legal anterior à calamidade pública. [...]"
>
> "[...] criar despesa obrigatória de caráter continuado [...]"
>
> "[...] de despesa obrigatória acima da variação da inflação medida pelo Índice Nacional de Preços ao Consumidor Amplo (IPCA) [...]"

No bojo das restrições apresentadas, a interpretação conjugada dos dispositivos prescritos na norma torna-se de fundamental importância. Desse modo, ao mesmo tempo que restringe, no inciso I, a concessão de vantagens, aumento, reajuste ou adequação de remuneração, preserva o direito adquirido[6] dos servidores, de forma que as concessões de benefícios anteriores à calamidade continuam garantidas.

No tocante a esta matéria, a Nota Técnica SEI nº 20.581/2020/ME, cujo teor traz esclarecimentos a respeito da aplicabilidade da Lei Complementar nº 173, de 27 de maio de 2020, assim descreve:

> [...]
>
> entende-se que qualquer concessão derivada de determinação legal anterior à calamidade pública, desde que não seja alcançada pelos demais incisos do art. 8º, podem ser implantadas, ainda que impliquem aumento de despesa com pessoal. Encontra-se no rol dessas concessões, por exemplo, a concessão de retribuição por titulação, o incentivo à qualificação e a gratificação por qualificação, visto que os critérios para

---

6 Preserva-se o quanto disposto na Carta Constitucional, art. 5º, XXXVI: "a lei não prejudicará o direito adquirido, o ato jurídico perfeito e a coisa julgada".

a sua concessão estão relacionados à comprovação de certificação ou titulação ou, ainda, ao cumprimento de requisitos técnicofuncionais, acadêmicos e organizacionais

[...]

Veja-se que os atos relacionados apenas serão legitimados caso obedeçam aos requisitos descritos na norma, ou seja, decorram de sentença judicial transitada em julgado ou de determinação legal anterior a calamidade.

Por outro lado, vale ressaltar que o inciso IX do mencionado art. 8º, da Lei nº 173/2020, não encontra abrigo nas exceções anteriormente previstas.

A leitura do texto deixa claro que o legislador taxativamente proibiu, durante o interregno ali discriminado, a contagem desse tempo como de período aquisitivo necessário exclusivamente para a concessão de vantagens que aumentam a despesa com pessoal em decorrência da aquisição de determinado tempo de serviço, sem qualquer prejuízo para o tempo de efetivo exercício, aposentadoria, e quaisquer outros fins. Isto é, aqueles que completaram o período aquisitivo para concessão das aludidas vantagens até 27 de maio de 2020 terão seus efeitos financeiros implementados. Os que não completaram, independentemente de faltar um dia ou mais, terão a contagem suspensa até 31.12.2021 e retomada em 01.01.2022.

Observe-se que o dispositivo citado faz menção a parcelas com natureza jurídica de vantagens, não abarcando, por exemplo, promoções e progressões, que se referem ao próprio vencimento do servidor.

Para corroborar o entendimento ora esposado, transcreve-se a evolução dos textos na norma sob estudo, nos relatórios de autoria do Senador Davi Alcolumbre (presidente do Senado Federal), donde se percebe a intenção do Poder Legislativo em retirar do rol de impedimentos as "promoções, progressões, incorporações e permanências", garantindo a ocorrência das mesmas. Confira-se:

Primeiro Relatório

IX – contar esse tempo como de período aquisitivo necessário para a concessão de anuênios, triênios, quinquênios, licenças-prêmio, *promoções, progressões, incorporações, permanências* e demais mecanismos equivalentes que aumentem a despesa com pessoal em decorrência da aquisição de determinado tempo de serviço; (grifos aditados)

Segundo Relatório

IX – contar esse tempo como de período aquisitivo necessário para a concessão de anuênios, triênios, quinquênios, licenças-prêmio e demais mecanismos equivalentes que aumentem a despesa com pessoal em decorrência da aquisição de determinado tempo de serviço;

Texto Final

IX – contar esse tempo como de período aquisitivo necessário *exclusivamente* para a concessão de anuênios, triênios, quinquênios, licenças-prêmio e demais mecanismos equivalentes que aumentem a despesa com pessoal em decorrência da aquisição de determinado tempo de serviço, *sem qualquer prejuízo para o tempo de efetivo exercício, aposentadoria, e quaisquer outros fins*; (grifos aditados)

Essa também é a orientação contida na mencionada Nota Técnica SEI nº 20.581/2020 do Ministério da Economia, vejamos:

[...]

Ao analisar conjuntamente o disposto no inciso I e no inciso IX do art. 8º da Lei Complementar nº 173, de2020, entende-se que *as progressões e promoções, por exemplo, não se enquadram na vedação apresentada em tais dispositivos*, uma vez que tratam-se de formas de desenvolvimento nas diversas carreiras amparadas em leis anteriores e que são concedidas a partir de critérios estabelecidos em regulamentos específicos que envolvem, além do transcurso de tempo, resultado satisfatório em processo de avaliação de desempenho e em obtenção de títulos acadêmicos. Conclui-se, portanto, que *para essa situação, tal vedação não se aplica.*

Com relação aos ciclos avaliativos em andamento para fins de concessão e/ou manutenção das respectivas gratificações de desempenho, conclui-se que não serão afetados pela suspensão prevista na LC nº 173, de 2020, pois trata-se de parcela permanente, que integra a estrutura remuneratória do servidor, cujos critérios para pagamento envolvem o cumprimento das metas pactuadas entre as unidades e os respectivos servidores, a avaliação dos membros das equipes e das chefias imediatas, bem como o alcance das metas institucionais. Exceções encontram-se dispostas nos §§1º, 2º, 4º e 5º do seu art. 8º. (grifos aditados)

Sobre o assunto, apesar das inúmeras reclamações acerca da suposta supressão de direitos assegurados, o STF chancelou a sua constitucionalidade, juntamente com os demais incisos, validando a sua aplicabilidade, uma vez que "O art. 8º, por sua vez, apenas prevê regramento de modo a impedir o crescimento de gasto público com despesa de pessoal durante o enfrentamento da crise sanitária e fiscal causada pela pandemia da COVID-19, impedindo uma série de atos até 31 de dezembro de 2021."

Ademais disso, foram vedadas medidas que pudessem desencadear o aumento da Despesa Obrigatória de Caráter Continuado (DOCC[7]), acima da taxa de inflação, excetuando as hipóteses onde as ações estivessem diretamente voltadas ao enfrentamento da Covid-19. Note-se que a mesma premissa deve ser observada no tocante a concessão da Revisão Geral Anual do salário dos servidores. Neste particular, a LC nº 173/2020 não relativiza a interpretação, tampouco interrompe o efeito desta consagrada matéria constitucional. Vejamos:

Art. 37. A administração pública direta e indireta de qualquer dos Poderes da União, dos Estados, do Distrito Federal e dos Municípios obedecerá aos princípios de legalidade, impessoalidade, moralidade, publicidade e eficiência e, também, ao seguinte:

...

X – a remuneração dos servidores públicos e os subsídios de que trata o §4º do art. 39 somente poderão ser fixados ou alterados por lei específica, observada a iniciativa privativa em cada caso, *assegurada revisão geral anual*, sempre na mesma data e sem distinção de índices. (Grifo nosso)

Nesse aspecto, a chamada Lei das Eleições, nº 9.504/97, entre outras orientações, reforça que até mesmo em período eleitoral deve-se preservar o poder de compra da remuneração dos servidores públicos, conforme se depreende do art. 73, VIII, a seguir elencado:

Art. 73. São proibidas aos agentes públicos, servidores ou não, as seguintes condutas tendentes a afetar a igualdade de oportunidades entre candidatos nos pleitos eleitorais:

[...]

VIII – fazer, na circunscrição do pleito, revisão geral da remuneração dos servidores públicos que exceda a recomposição da perda de seu poder aquisitivo ao longo do ano da eleição, a partir do início do prazo estabelecido no art. 7º desta Lei e até a posse dos eleitos.

[...]

---

[7] LRF, Art. 17. Considera-se obrigatória de caráter continuado a despesa corrente derivada de lei, medida provisória ou ato administrativo normativo que fixem para o ente a obrigação legal de sua execução por um período superior a dois exercícios.

Importa destacar que a Revisão Geral não se confunde com majoração salarial. Enquanto o primeiro visa à recomposição de eventuais perdas inflacionárias, a preservação do poder aquisitivo e condições financeiras dos servidores, as alterações salariais que transcendam os parâmetros inflacionários encontram-se no repertório das restrições prescritas na LC nº 173/2020. Assim, a proibição consiste na revisão anual superior à medida do Índice Nacional de Preços ao Consumidor Amplo (IPCA), por caracterizar majoração. Nessa esteira de proibições, encontra-se também contratação de novos servidores, exceto para reposição de cargos vagos, respeitando os limites e exceções[8] descritos na norma.

Neste ponto, cabe destacar que, ao restringir o avanço das intituladas DOCCs, o espírito da norma pretendeu essencialmente coibir a geração de novas despesas fixas, quando não houver perspectiva de receitas públicas correspondentes, capazes de prover gastos fora do *script* planejado. Nessa perspectiva, vale lembrar que as Despesas Obrigatórias de Caráter Continuado não se referem apenas às despesas com pessoal, envolvem também os demais gastos com manutenção da máquina pública e ampliação dos serviços públicos de um modo geral, cuja norma fiscal trouxe tratamento especializado. Sendo assim, a LC nº 173/2020 excetua a aplicabilidade das restrições, na hipótese de prévia explicitação das medidas permanentes de compensação, ou seja, ações práticas condicionantes ao aumento de receitas públicas, ou redução de despesas públicas.

Outro aspecto merecedor de destaque na interpretação da norma, por vezes dissonante, refere-se às expressões "aumento de despesa com pessoal" e "aumento dos gastos com pessoal".

Como regra, a Lei Complementar nº 173/2020 faz menção, nos arts. 7º e 8º, às seguintes expressões: "atos que provoquem aumento da despesa com pessoal", "implique em aumento de despesa" e "despesas obrigatórias de caráter continuado". Sobre a questão, importa reforçar que a APURAÇÃO dos Gastos com Pessoal toma por métrica a relação entre a Receita Corrente Líquida (RCL) e as despesas com pessoal, realizadas no mês de referência, somando-se a série histórica dos 11 (onze) meses anteriores. Desse modo, conclui-se que os GASTOS

---

[8] Lei Complementar nº 173/2020, §5º O disposto no inciso VI do *caput* deste artigo não se aplica aos profissionais de saúde e de assistência social, desde que relacionado a medidas de combate à calamidade pública referida no caput cuja vigência e efeitos não ultrapassem a sua duração.

COM PESSOAL referem-se às realizações pretéritas, uma vez que sua apuração traz períodos anteriores na base de cálculo. Por sua vez, as despesas com pessoal dizem respeito a execuções contemporâneas, em curso e vindouras. Mais uma vez vale realçar que a interpretação da LC nº 173 deve considerar esses elementos.

Atente-se que ao tomar por referência a expressão Gastos com Pessoal na execução da norma, poderá o gestor e os operadores, por vezes, incorrer em transgressões à norma, em razão de um eventual aumento de despesa. Ressalta-se que as despesas aludidas nos artigos mencionados, referem-se a despesas "novas", as quais, diferentes dos gastos com pessoal, não terão Receitas Públicas como variável para aferição.

Dito isto, se por um lado a Lei Complementar nº 173/2020 apresenta questionamentos quanto à constitucionalidade de alguns dispositivos, por outro lado deixa nítido o caráter de auxiliar aos cofres públicos, mesmo que de maneira extraordinária. Alguns aspectos, portanto, encontram-se aparentemente pacificados, outros, como os mencionados no presente texto, relacionados ao possível cerceamento de direitos já incorporados ao patrimônio jurídico dos servidores públicos, ainda encontram resistência e questionamentos variados, no âmbito doutrinário.

Ademais disso, note-se que a necessidade de redução de gastos, sobretudo no âmbito dos entes subnacionais é uma necessidade que antecede a pandemia da COVID. O iniciado plano de Transparência e Equilíbrio Fiscal (PLP nº 149/2019), transmutado no plano de auxílio financeiro/equilíbrio e reequilíbrio de finanças (PLP nº 39/2020), também introduziu alterações à LRF e buscou restringir o crescimento das despesas públicas.

Por fim, o crescimento real da despesa entre os entes subnacionais e a incerteza das arrecadações decorrentes do cenário produzido pela pandemia reclama dos gestores públicos medidas emergenciais, cautelosas e assertivas, para maior governança dos recursos públicos e qualidade dos serviços ofertados aos cidadãos.

Referências

BRASIL. Câmara dos Deputados. Projeto de Lei Complementar – PLP nº 149/2019. Disponível em: https://www.camara.leg.br/proposicoesWeb/fichadetramitacao?idPro posicao=2206395.

BRASIL. Lei Complementar nº 101, de 04 de maio de 2000. Estabelece normas de finanças públicas voltadas para a responsabilidade na gestão fiscal e dá outras providências. *Diário Oficial da República Federativa do Brasil*, Brasília – DF, 05 maio 2000. Disponível em: http://www.brasil.gov.br.

BRASIL. *Lei Complementar nº 173*, de 27 de maio de 2020. Estabelece o Programa Federativo de Enfrentamento ao Coronavírus SARS-CoV-2 (Covid-19), altera a Lei Complementar nº 101, de 4 de maio de 2000, e dá outras providências.

BRASIL. Lei nº 4.320, de 17 de março de 1964. Estatui Normas Gerais de Direito Financeiro para elaboração e controle dos orçamentos e balanços da União, dos Estados, dos Municípios e do Distrito Federal. *Diário Oficial da República Federativa do Brasil*, Brasília, DF, 23 mar. 1964. Disponível em: http://www.brasil.gov.br.

BRASIL. Supremo Tribunal Federal. Plenário reafirma que é constitucional a proibição de aumentos com pessoal durante pandemia. Disponível em: http://portal.stf.jus.br/noticias/verNoticiaDetalhe.asp?idConteudo=464589&ori=1#:~:text=Por%20unanimidade%2C%20o%20Plen%C3%A1rio%20do,a%20pandemia%20da%20Covid%2D19.

BRASIL. Tesouro Nacional Transparente. Capacidade de Pagamento (CAPAG). Disponível em: https://www.tesourotransparente.gov.br/temas/estados-e-municipios/capacidade-de-pagamento-capag.

CONFEDERAÇÃO NACIONAL DE MUNICÍPIOS – CNM. FPM: estudo da CNM indica queda nos repasses de 2020 e elenca as perspectivas para este ano. 10 fev. 2021. Disponível em: https://www.cnm.org.br/comunicacao/noticias/fpm-estudo-da-cnm-indica-queda-nos-repasses-de-2020-e-elenca-as-perspectivas-para-este-ano.

NOTA TÉCNICA SEI nº 20581/2020/ME. Assunto: Questionamentos a respeito da aplicabilidade da Lei Complementar nº 173, de 27 de maio de 2020. Referência: Processo nº 19975.112238/2020-40.

TCM EM NÚMEROS ANO 2016. Disponível em: https://www.tcm.ba.gov.br/wp-content/uploads/2017/06/TCM-em-Numeros-2016.pdf.

Informação bibliográfica deste texto, conforme a NBR 6023:2018 da Associação Brasileira de Normas Técnicas (ABNT):

SANTOS, Vitor Maciel dos. Apontamentos sobre a Lei Complementar nº 173/2020: evolução das despesas com pessoal e aspectos basilares do artigo 8º. *In*: CAVALCANTE, Crislayne; RODRIGUES, Leandro Menezes (Coord.). *A Lei Complementar nº 173/2020 e seus desafios*. Belo Horizonte: Fórum, 2021. p. 37-52. ISBN: 978-65-5518-315-3.

LEI COMPLEMENTAR Nº 173, DE 27 DE MAIO DE 2020: ART. 9º E REFLEXOS ORÇAMENTÁRIOS, CONTÁBEIS E FISCAIS[1]

JORGE PINTO DE CARVALHO JÚNIOR

SIMONE REINHOLZ VELTEN

Para melhor entendermos a essência do texto legal de que trataremos, é necessário retroagirmos às discussões que antecederam à sanção da Lei nº 173/2020. Em verdade, o artigo 9º e seu parágrafo 2º não constavam do texto inicial do projeto de Lei nº 39 de 2020 (posteriormente sancionado na Lei nº 173/2020), então em apreciação pelo Congresso Nacional. O artigo 9º foi inserido por meio de uma emenda do senador Ângelo Coronel (PSD-BA), e é importante ponderarmos sobre os motivos, o desejo do legislador, quando fez constar este texto na proposta do marco normativo.

A emenda de número 36 apresentada pelo senador acrescentou ao projeto de lei mencionado o *caput* do artigo 9º e um parágrafo único, que dispunha sobre como se daria a questão do pagamento das parcelas suspensas com a previdência social. Atacava, portanto, apenas a questão da suspensão do pagamento das parcelas de refinanciamento de dívidas dos municípios junto ao regime geral da previdência social. Nesta emenda consta a seguinte justificativa por parte do senador que a propôs:

---

[1] Texto elaborado a partir do "Painel 3 – Art. 9º e reflexos orçamentários, contábeis e fiscais", cujo mediador foi o prof. Ricardo Rocha de Azevedo, da Universidade Federal de Uberlândia (UFU).

A seguinte emenda objetiva dar um auxilio financeiros às Prefeituras, semelhante aos que já vem sendo dado às empresas. Atualmente, empresas tiveram suspensas as cobranças de obrigações previdenciárias e de parcelamentos de débitos com a Fazenda Nacional. *Faz-se necessária tal medida visto que as Prefeituras tiveram parte significativa das suas receitas de ISS afetada pela paralisação de serviços.* (Grifo nosso)

De logo nós já podemos verificar que a motivação para inserção deste artigo foi a queda nas receitas dos municípios, especificamente quanto ao ISS. Na concepção do legislador, aquela fonte de recursos que poderia ser utilizada para o custeio de obrigações previdenciárias não estaria mais disponível. Assim, pela lógica do autor da emenda, em não havendo mais a receita, de alguma forma seria pertinente possibilitar que a despesa que seria custeada com aquela fonte de recurso fosse postergada, suspensa, e que, em um cenário de normalidade, fosse retomado o fluxo normal de pagamentos, ocasião na qual as receitas em questão seriam recuperadas.

Isto é importantíssimo porque vai balizar toda a discussão da nossa apresentação em relação ao empenho ou não das parcelas suspensas, nos termos do parágrafo 2º do artigo 9º da Lei Complementar nº 173/2020.

Mas, como dito, a emenda não tinha o parágrafo que é o objeto de grande repercussão e dúvidas. A inclusão do parágrafo 2º do artigo 9º ocorreu por conta das discussões do Projeto de Lei nº 39/2020, conforme registrado em notas taquigráficas de sessão do Senado Federal realizada em maio de 2020. Nos debates, o senador Davi Alcolumbre responde ao senador Álvaro Dias (que estava preocupado com municípios que possuem regimes próprios de previdência e não estavam contemplados pela emenda do senador Ângelo Coronel), comunicando que benefício similar ao concedido aos municípios vinculados ao regime geral de previdência foi propiciado aos que possuíam regimes próprios, com a possibilidade de suspensão do pagamento das contribuições previdenciárias patronais, desde que autorizada por lei municipal específica.

Então nós já podemos entrar no cerne da nossa discussão, que é o artigo 9º, parágrafo 2º da LC nº 173/2020, o qual estabelece que ficam suspensos, na forma do regulamento, os pagamentos dos refinanciamentos de dívidas dos municípios com a previdência social com vencimento entre 1º de março e 31 de dezembro de 2020.

O parágrafo 1º, que foi vetado, dispunha sobre o prazo no qual as parcelas suspensas das obrigações devidas teriam que ser quitadas.

O próprio *caput* do artigo já explicita que esta definição deveria se dar por regulamentação posterior, o que de fato veio a ocorrer com a edição de uma portaria, a qual abordaremos mais à frente. Então, só restou o parágrafo 2º no artigo 9º, tratando sobre a possibilidade de suspensão do recolhimento das contribuições patronais previdenciárias dos municípios devidas aos seus respectivos regimes próprios, desde que autorizada por lei municipal específica.

Trataremos deste artigo como um todo, mas este parágrafo 2º merece uma atenção especial e faremos várias interpretações, bem como provocaremos diversas questões relacionadas a ele. Algumas ponderações já podem ser suscitadas nesse particular.

A primeira é que, na concretização das suspensões, haverá por óbvio um impacto negativo nos regimes próprios de previdência social. Isso é algo irrefutável. Podem até surgir muitas reflexões, sobre se tal ação é justa ou não com o regime próprio, mas o fato é que a possibilidade de suspensão está explícita na Lei Complementar nº 173.

Uma segunda ponderação é que não faz nenhum sentido aprovar uma lei municipal autorizando a suspensão do recolhimento de contribuições patronais previdenciárias devidas ao regime próprio, em cenários nos quais estes regimes já são deficitários, ou seja, quando existe insuficiência financeira para o pagamento mensal dos inativos, pensionistas etc. A autorização para a suspensão nestes casos só trará prejuízos, pois o tesouro municipal teria que efetuar repasses para cobrir as insuficiências financeiras, impactando, inclusive, o limite da despesa de pessoal, pois os regimes próprios de previdências não teriam fonte própria (das contribuições), seria um custeio direto com recursos do tesouro.

Além disso, essa prática provocaria reflexos na apuração dos limites mínimos com educação e saúde, já que, não havendo as contribuições patronais previdenciárias das referidas pastas, também não ocorreria o cômputo destes valores suspensos, o que precisa ser sopesado. Então esta é uma ponderação e uma reflexão pertinente no contexto do que estamos tratando.

E uma terceira ponderação, para a qual já irei pedir a participação da minha querida colega Simone, diz respeito à motivação para a aprovação de uma lei eleitoral autorizativa desta suspensão.

Simone – Professor, neste sentido, a interpretação é a de que este artigo está dentro do contexto da Lei Complementar nº 173, que estabelece o programa federativo do enfrentamento do coronavírus, e, portanto, está no bojo das ações que foram afetadas para este enfrentamento neste momento de pandemia. No entanto, quando a entidade faz a opção de suspender o pagamento da patronal, cuja faculdade é dada pelo artigo 9º, parágrafo 2º, obriga-se a editar lei municipal específica, a qual deverá ser acompanhada de motivação e justificativa para a suspensão.

O que se espera dessa decisão é que a entidade realmente necessita destes recursos para o combate da pandemia. Nesse sentido, os projetos de leis que são encaminhados aos legislativos precisam demonstrar a necessidade da suspensão em virtude do impacto que pode ocasionar em Regimes Próprios de Previdência, em especial naqueles que já se encontram deficitários.

Portanto, como estes recursos teriam sido obtidos a partir da suspensão de pagamento prevista no art. 9º da Lei Complementar nº 173/2020, terão que ser aplicados nos gastos com a pandemia. Cabe à entidade demonstrar esse nexo, por meio de transparência ativa e/ou quando questionada pelos órgãos de controle.

E aí que se ressalta uma ação do controle externo no Mato Grosso[2] em que foi emitida medida cautelar contra a aplicação da lei que suspendeu as contribuições previdenciárias de Cuiabá, em virtude de o apontamento técnico não ter identificado a comprovação de inviabilidade econômico-financeira do Poder Executivo Municipal ao manter os repasses integrais ao RPPS. Tal entendimento foi fundamentado no §2º do art. 9º da Lei Complementar nº 173/2020.

Portanto, é preciso avaliar se realmente existe a motivação, a necessidade econômico-financeira de usar essa faculdade da suspensão, e em fazendo esta opção, teria que prestar contas de onde os recursos foram aplicados.

Muito boa essa análise do contexto, Simone. Cada realidade tem suas particularidades que devem ser verificadas antes de se tomar essa decisão sobre a edição de uma lei local autorizando uma suspensão das contribuições previdenciárias patronais no âmbito dos municípios.

Imaginemos então que foi feita tal análise e um determinado município optou por aprovar lei autorizando a suspensão do recolhimento desta contribuição, e aí nossa colega contadora recebeu esta notícia e ficou aflita, porque diversas dúvidas começaram a pairar na sua mente.

---

[2] Disponível em: https://www.tce.mt.gov.br/conteudo/show/sid/73/cid/51169/t/TCE-MT+e mite+cautelar+contra+aplica%E7%E3o+da+lei+que+suspendeu+as+contribui%E7%F5es+ previdenci%E1rias+de+Cuiab%E1.

Primeiramente ela se perguntou: quando estas contribuições suspensas deverão ser pagas? A dúvida é pertinente, pois a lei não está autorizando uma anistia, e sim uma suspensão. Em algum momento estas contribuições terão que ser recolhidas aos regimes próprios de previdência. Qual será este momento?

Uma segunda dúvida que ocorreu à nossa colega contadora é: "Devo reconhecer patrimonialmente as despesas por competência? Qual o tratamento contábil que deve ser dado sobre a ótica patrimonial no setor público?"

Nossa colega também ficou em dúvida sobre como se darão os impactos nos limites de pessoal, educação e saúde, na hipótese da suspensão. Então estas despesas que não serão pagas nesse período terão algum reflexo nos limites máximos de pessoal e nos mínimos de educação e saúde? Para esta terceira questão, nós vamos apresentar alguns comentários. Eu e a Simone temos pontos de vista bem convergentes quanto a ela, mas o nosso objetivo aqui no debate é fomentar a discussão. Então temos mais duas questões para as quais já temos algumas ponderações a serem feitas.

Sobre a questão de empenhar em 2020 estas parcelas suspensas, várias autoridades na contabilidade governamental brasileira apresentaram pontos de vista distintos. Para os que não defendem o empenho no ano da suspensão, também ocorre dúvida sobre como deverá se dar o registro orçamentário em 2021 ou em orçamentos futuros. Então são diversas questões que surgiram para a nossa colega contadora.

Felizmente algumas entidades emitiram orientações sobre o objeto da nossa apresentação. A Confederação Nacional de Municípios (CNM) foi uma destas entidades. Em 1º de julho, a CNM editou a Nota Técnica nº 42-A, um documento de 10 páginas bastante completo, que aborda tanto aspectos administrativos relacionados à suspensão dos pagamentos das contribuições previdenciárias patronais como também aspectos contábeis que são o cerne da nossa discussão aqui.

Uma outra orientação emitida veio da Secretaria do Tesouro Nacional (STN). Em 02.07.2020, um dia após a nota da CNM, o Tesouro lançou a nota técnica SEI nº 25.948, que trata não só das suspensões dos pagamentos das dívidas junto à previdência ou das contribuições patronais previdenciárias dos regimes próprios, como também de outras suspensões por conta de financiamentos, operações de crédito e afins.

No âmbito dos Tribunais de Contas, ainda não temos muitas orientações emitidas. Temos uma orientação do Tribunal de Contas do Estado do Rio Grande do Norte (TCE-RN), mas que não adentra em aspectos contábeis, e temos uma orientação do Tribunal de Contas do Estado de São Paulo (TCE-SP). Este último emitiu um comunicado da secretaria da diretoria geral de número 25, em setembro de 2020, que já é uma reedição de um comunicado anterior no qual eles são bem enfáticos nos tratamentos que devem ser dados, sobretudo dos pontos de vista orçamentário e patrimonial para estas suspensões — então eles já falaram como deve ser dado este tratamento, inclusive na linha do que a Simone pontuou. Orientou inclusive seus jurisdicionados (exceto a capital de São Paulo, jurisdicionada ao TCMSP) a controlarem as despesas suspensas em contas de controle.

Tivemos também alguns artigos acadêmicos publicados, entre os quais posso destacar um de autoria do professor Paulo Henrique Feijó, no qual ele pondera o que deve ser feito sobre a perspectiva orçamentária no caso desta suspensão de recolhimento. O título deste artigo é "Empenhar ou não empenhar, eis a questão". Ele está disponível no *blog* da Editora Gestão Pública. Mas independente de todas estas orientações que foram emitidas, inclusive do artigo citado, o que nós temos que ter em mente é que a base para qualquer diretriz contábil são, no aspecto patrimonial, as Normas Brasileiras de Contabilidade Técnicas do Setor Público (NBC TSP), aprovadas pelo Conselho Federal de Contabilidade (CFC), devendo, ainda, ser observado o filtro normativo cuja função é desempenhada pelo Manual de Contabilidade Aplicada ao Setor Público (MCASP), que é editado pela STN. Quando falamos de tratamento contábil patrimonial, o que vale são as NBC TSP com o filtro normativo, ou seja, o MCASP. As NBC TSP são as normas internacionais da IFAC convergidas (as IPSAS), em um trabalho desenvolvido pelo Grupo Assessor do CFC.

Mas no aspecto orçamentário o que vale é Lei nº 4.320/1964. Então nós temos diretrizes que são distintas de acordo com o que se pretende registrar, reconhecer, mensurar e evidenciar, no aspecto patrimonial ou no orçamentário. Quando falamos de contabilidade patrimonial, temos que seguir as NBC TSP. Quando tratamos de orçamento, nós temos que verificar o que dispõe a Lei nº 4.320, que estabelece os critérios para elaboração e execução do orçamento do nosso país. Temos que ficar atentos também à Lei de Responsabilidade Fiscal (LRF), sobretudo aos aspectos fiscais.

Esta distinção entre patrimônio e orçamento já está bem exposta na nossa estrutura básica da contabilização, que é o Plano de Contas Aplicado ao Setor Público (PCASP), estruturado em 3 naturezas de informação, e uma delas refere-se justamente à visão patrimonial, composta por 4 Classes que reproduzem os elementos patrimoniais (ativo, passivo/patrimônio líquido, receita e despesa), cujos registros devem obedecer ao regime de competência. Temos, ainda, em outra natureza de informação, 2 classes que compõem a natureza orçamentária, na qual os registros obedecem ao que está exposto no artigo 35 da Lei nº 4.320, ou seja, pertencem ao exercício financeiro as receitas nele arrecadadas e as despesas nele legalmente empenhadas.

Simone, antes de passar as orientações referentes àquelas dúvidas que a contadora teve, eu vou abrir a palavra para você, caso queira fazer alguma complementação.

Simone – O fato gerador desta despesa está ocorrendo; há inadimplência das obrigações patronais sobre a folha de pagamentos em virtude da suspensão, mas está sendo realizado o pagamento destes servidores. Portanto, neste momento em que ocorre este pagamento, incide a contribuição patronal, devendo ser efetuado o registro contábil das variações patrimoniais diminutivas tanto na nota técnica da CNM (Nota Técnica nº 42-A, de 01.07.2020), quanto na orientação da Secretaria do Tesouro Nacional (Nota Técnica SEI nº 25.948, de 02.07.2020. Ambas as orientações são bem pacíficas a respeito deste registro patrimonial, sendo este um ponto em que todos convergem; ou seja, de que há necessidade de fazer o reconhecimento deste passivo e desta variação patrimonial diminutiva e, a princípio, deste passivo Pemanente (P), que é aquele passivo que ainda não passou pelo empenho.

São os atributos que nós temos na execução orçamentária. O "P", de Permanente, significa que a despesa ainda não passou pela fase da despesa do empenho e o "F", de Financeiro, que a despesa já passou pela execução do orçamento.

Vamos agora entrar na primeira dúvida da nossa colega contadora: prazo de pagamento das parcelas suspensas, já que suspensão não é isenção ou anistia.

Temos uma portaria que foi expedida pela Secretaria Especial de Previdência e Trabalho do Ministério da Economia — Portaria nº 14.816, de 19 de junho de 2020, que é o regulamento efetivo desta suspensão. No seu artigo 4º, a portaria trata do prazo para o pagamento da suspensão do pagamento das contribuições previdenciárias patronais: elas deverão ser pagas pelo município ao órgão de entidade gestora do regime próprio de previdência respeitando-se como limite mínimo a meta atuarial, dispensada a multa até o dia 31.01.2021. Então, se um município optou por suspender as contribuições patronais previdenciárias, devidas de 01.03.2020 a 31.12.2020, o prazo para pagamento destas parcelas suspensas seria 31.01.2021 sem multa, mas o parágrafo único deste artigo 4º dispõe que, alternativamente, a lei municipal que autorizar a suspensão (como vimos, indispensável) pode estabelecer que as contribuições suspensas sejam objeto de termo de acordo de parcelamento a ser formalizado até 31.01.2021.

Então existem duas opções trazidas pelo regulamento no que se refere ao prazo de pagamento: ou se paga tudo até o dia 31.01.2021 ou a lei vai dispor que é possível fazer um parcelamento e este tem que ser formalizado até o dia 31.01.21. Na hipótese do parcelamento, certamente estes valores serão diluídos, será acordado como serão efetivamente pagos.

Simone – Quando o texto da portaria define que poderá fazer estes parcelamentos, o mais adequado é propor isto dentro da mesma lei que vai suspender o pagamento da patronal, pois como se está no período eleitoral de final de mandato, não haverá tempo hábil para editar essa lei em janeiro, pois é o período de recesso do Poder Legislativo.

Vale lembrar que a partir do dia 31.01 já há incidência de multa pelo atraso de pagamento. Caso contrário, o vencimento destas 8 (oito) parcelas ocorrerá no dia 31.01.2021. Portanto, mais uma vez se reforça a importância de que o município que necessitasse desta opção indicasse na mesma lei que a suspensão e período de parcelamento, pois se a entidade não tinha condição de pagar naquele momento de opção, seria pouco provável que em janeiro/21 ela tivesse recursos financeiros para pagar os 8 (oito) meses de contribuições suspensas, sem comprometer o orçamento do exercício de 2021.

Ressalta-se que, caso a entidade incorra em irregularidades decorrentes da ausência de pagamentos, poderá afetar o Certificado de Regularidade Previdenciária (CRP). Isto porque, a partir do dia 31.01.2021, caso não formalize o parcelamento, incorrerá em atraso com o regime próprio de previdência entrando na normalidade. Esta foi uma dica muito importante.

Passaremos agora a abordar o tratamento contábil sob a perspectiva patrimonial das despesas cujos pagamentos sejam suspensos. Aqui temos que observar as já citadas NBC TSP, com o filtro normativo do MCASP.

A NBC TSP Estrutura Conceitual estabelece, no seu item 1.1, que os relatórios contábeis de propósito geral devem ser elaborados com base no regime de competência, então a questão da suspensão das dívidas com a previdência (caso aprovada por leis locais no que se refere à contribuição patronal) diz respeito ao pagamento, à saída de recursos financeiros, mas a obrigação existe, de forma que deve ser tempestivamente reconhecida pelas contabilidades municipais.

O nosso *Manual de Contabilidade Aplicada ao Setor Público*, atualmente na sua 8ª edição, na parte III, item 4.3.1, traz como deve se dar esta contabilização, sob o aspecto patrimonial. Então nós temos duas entidades envolvidas no registro e uma operação Intra-OFSS (orçamento fiscal e da seguridade social), com uma dupla contabilização.

Para o devedor, que é o ente, é necessário realizar o reconhecimento da obrigação patrimonial de acordo com a ocorrência do fato gerador do mês de competência. Por exemplo, se está suspensa a contribuição de maio, então neste mesmo mês de maio deve ser feito o registro patrimonial com base em documentos de suporte. Do lado do devedor haverá o registro de uma VPD de encargos patronais com o 5º nível da conta contábil "2", o qual sinaliza uma operação Intra, com o crédito em uma conta de passivo referente a encargos sociais a pagar, também de 5º nível "2".

Em relação ao código "1" ou "2" no grupo (2º nível) da conta contábil de passivo, este vai sinalizar se a obrigação é de curto (circulante) ou de longo prazo (não circulante), respectivamente, e isso depende da forma como será pleiteado o pagamento das obrigações previdenciárias. Se a lei não tiver a previsão da prerrogativa de parcelamento, o passivo será de curto prazo. Caso a lei preveja esta possiblidade e houver a intenção do parcelamento além de 12 meses da data das demonstrações contábeis, já seria obrigação de longo prazo, classificada no não circulante.

No regime próprio de previdência (RPPS), também deve haver simultaneamente o reconhecimento do direito. Então o RPPS vai registar um ativo, debitando uma conta da Classe 1 do PCASP e também vai ter que ter a atenção quanto à liquidez deste ativo, se ele será de curto ou de longo prazo — circulante ou não circulante — e vai registrar uma VPA, todas as contas de 5º nível "2 – Intra-OFSS". Este é o registro recomendado pelo MCASP e que deve ser feito nos casos em que haja esta suspensão autorizada por lei local.

Passemos agora à abordagem dos limites fiscais, em especial da despesa total com pessoal. A lei local autorizou a suspensão, nós estamos reconhecendo patrimonialmente esta obrigação, mas e daí, vai ou não entrar no cálculo do limite legal da despesa com pessoal? Neste caso nós temos que lembrar que a Lei de Responsabilidade Fiscal (LRF), no parágrafo 2º, artigo 18, prevê que a despesa com o pessoal deve ser apurada adotando-se o regime de competência.

Então para o cálculo de despesa com pessoal, vale realmente a competência da despesa, e o *Manual de Demonstrativos Fiscais* (MDF) cuja edição vigente para este ano de 2020 é a 10ª, no seu item 04.01.05 estabelece que além das despesas liquidáveis deverão ser reconhecidas como despesas com pessoal aquelas que não passaram pela execução orçamentária, caso estas preencham os requisitos para tal. Como por exemplo, tem-se a execução da despesa com salários dos servidores, referente ao mês trabalhado. O MDF orienta que deve ser apresentada uma nota explicativa no demonstrativo da despesa pessoal (anexo 1 do relatório de gestão fiscal) quanto às inclusões deste tipo de despesa.

E aqui também vale ressaltar que nós já temos uma novidade que está no MDF 11ª edição, válido para 2021, no qual o demonstrativo da despesa pessoal já vai contemplar uma linha específica para apresentar as despesas com pessoal que não foram orçamentariamente executadas, o que dá o caráter patrimonial de despesa para apuração deste limite.

Resumindo, no que se refere ao cálculo da despesa com pessoal, mesmo que haja suspensão das parcelas das contribuições patronais previdenciárias devidas ao RPPS, sim, elas serão computadas no limite deste ano de 2020.

Simone – Neste ano de 2020, a Lei de Responsabilidade Fiscal completou 20 anos, a qual evidencia de forma cristalina que a apuração da despesa com pessoal se dá pelo regime de competência,[3] mas ainda há profissionais buscando a informação nos registros orçamentários. Então, na verdade, a Lei Complementar nº 173/2020 trouxe algumas reflexões, tais como: (i) por que não se apura efetivamente este demonstrativo por competência; (ii) por que não buscar estas informações na natureza de informação patrimonial; (iii) por que não buscar as informações nas Variações Patrimoniais Diminutivas – VPD.

---

[3] Nota dos coordenadores: No ano de 2021, por meio da Lei Complementar nº 178, de 13 de janeiro de 2021, o legislador foi ainda mais específico ao alterar o §2° do art. 18 da Lei de Responsabilidade Fiscal que passou a ter a seguinte redação: "§2º A despesa total com pessoal será apurada somando-se a realizada no mês em referência com as dos 11 (onze) imediatamente anteriores, adotando-se o regime de competência, independentemente de empenho."

Inclusive, o *Manual de Demonstrativos Fiscais* (MDF) orienta que deve ser apresentada uma nota explicativa, no demonstrativo da despesa pessoal, no quadro do anexo 1 do relatório de gestão fiscal, destacando-se as inclusões deste tipo de despesa. E aqui também vale ressaltar que essa é uma novidade que já consta na 11ª edição do MDF, válida para 2021. No geral, o demonstrativo da despesa pessoal passou a contemplar uma linha específica para apresentar as despesas com pessoal que não foram orçamentariamente executadas, o que dá o caráter patrimonial de despesa para apuração deste limite. Essa nova linha foi incluída justamente porque é necessário realizar um ajuste no demonstrativo com viés orçamentário da despesa empenhada, seja por meio de informações obtidas no Balanço Orçamentário ou mesmo no Balanço Financeiro, a partir de alguns ajustes. No entanto, esse é um importante momento para que a Secretaria do Tesouro Nacional, juntamente com os representantes da Câmara Técnica de Normas Contábeis e de Demonstrativos Fiscais da Federação (CTCONF), debatam sobre a elaboração deste demonstrativo por competência, utilizando, na verdade, as VPD que já constam do Plano de Contas Aplicado ao Setor Público (PCASP), o qual já está bem consolidado na federação.

E essa discussão é importante, pois quando se trata do Plano de Implantação dos Procedimentos Contábeis Patrimoniais (PIPCP) os municípios do país encontram-se em estágios bem diferentes de implementação.

Resumindo, no que se refere ao cálculo da despesa com pessoal, mesmo que haja suspensão das parcelas devidas de patronal previdenciária, elas serão computadas no limite do ano de 2020.

Superada a questão do limite de pessoal, vamos tratar agora dos mínimos constitucionais com educação e saúde. Aqui a coisa muda um pouco de figura pois mandamentos constitucionais estabelecem quais são estes limites e, em ambos os casos, o registro orçamentário é que fornece elementos para fazer o seu cálculo. No que se refere ao mínimo com educação, a exigência deriva do artigo 212 da Constituição Federal, e o MDF, na página 391, estabelece que este limite deve ser observado no encerramento do exercício anual, sendo que as despesas com manutenção e desenvolvimento do ensino deverão computar o que foi executado. O que é considerado executado é aquilo que foi liquidado e aquilo que foi empenhado mas não liquidado, deixando claro que o empenho é o marco pra fazer a apuração do limite mínimo com educação.

No caso da saúde, temos a Lei Complementar nº 141 de 2002 que, em perspectiva semelhante, estabelece que para efeito de cálculo de recursos mínimos para fins de cômputo na saúde serão consideradas as despesas liquidadas e também as despesas empenhadas e não processadas, observado para estas últimas o limite das disponibilidades existentes ao final do exercício.

Tanto para cálculo da educação quanto para saúde, vale o orçamento e em não sendo empenhadas as despesas cujos recolhimentos foram suspensos, também não teríamos consequentemente o cômputo destas parcelas nos mínimos de educação e saúde, o que exige uma análise preliminar pelo gestor antes de aprovar a lei, de forma que possam ser avaliados eventuais impactos no cumprimento destes limites, pois em caso positivo poderá haver o descumprimento dos mandamentos constitucionais e legais. O gestor tem que ponderar isto, na sua avaliação.

Simone – É salutar a análise deste prefeito do uso de oportunidade desta ação, porque o limite de saúde e educação é assunto constante em apreciação pelos tribunais em contas do governo. Todas as análises de contas de governo verificam o cumprimento de saúde e educação.

Sempre aparece a pergunta: o limite mínimo com a educação tem que ser cumprido ou não? Esse limite está definido na Constituição Federal.[4] Nesse caso, não há norma autorizando ou não o cumprimento por conta de situação de calamidade. Nesse sentido, até que venha uma emenda constitucional, da forma que consta do texto constitucional, não há esta faculdade, diferentemente do que ocorre para alguns casos definidos no art. 65 da Lei de Responsabilidade Fiscal e que foi objeto de diversos debates nesse momento de calamidade.

A Emenda Constitucional nº 106, que instituiu o regime extraordinário fiscal, financeiro e de contratações para enfrentamento de calamidade pública nacional decorrente de pandemia, poderia ter abordado essa questão, pois ambas tramitavam no Congresso Nacional no mesmo período; no entanto, esta não foi a vontade do legislador.

Esta Emenda Constitucional nº 106, que criou o chamado "orçamento de guerra", não trouxe previsão para descumprimento ou cumprimento parcial dos limites. Portanto, os limites de educação e saúde devem ser obedecidos.

---

[4] "Art. 212. A União aplicará, anualmente, nunca menos de dezoito, e os Estados, o Distrito Federal e os Municípios vinte e cinco por cento, no mínimo, da receita resultante de impostos, compreendida a proveniente de transferências, na manutenção e desenvolvimento do ensino."

Por outro lado, importante considerar que até cabe um juízo de valor por parte dos conselheiros de Tribunais de Contas quando do julgamento das contas. Mas essa é uma questão muito subjetiva.

Vale lembrar que a Constituição Federal estabelece que, em caso de descumprimento do limite constitucional da educação, pode até haver intervenção federal nos municípios em que houver o descumprimento.

Portanto, não cabe ao corpo técnico fazer esse juízo de valor. Sendo assim, os auditores que já estão constatando que o limite não foi cumprido evidenciarão esse achado em seus relatórios.

Pois bem. Nós falamos da questão dos prazos para pagamento das parcelas de contribuições previdenciárias suspensas nos termos do art. 9º da LC nº 173/20, falamos de como deve ser efetuado o registro sob a ótica patrimonial, quais são os impactos no cálculo ao limite máximo de despesa com pessoal, como vai funcionar a questão dos mínimos constitucionais para educação e saúde e entramos agora naquela pergunta que não quer calar: empenhar ou não?

Os municípios suspendem os pagamentos das contribuições patronais previdenciárias e o contador fica nessa celeuma. O que ele faz? Ele sabe que vai ter que reconhecer a despesa patrimonialmente por competência, mas ele ainda tem dúvidas de qual tratamento orçamentário deve ser propiciado a esta suspensão.

Eu vou trazer primeiramente algumas análises minhas e depois a Simone vai colocar o ponto de vista dela. Para a elaboração e execução dos orçamentos, o nosso arcabouço normativo vigente é a Lei Federal nº 4.320, de 17 de março de 1964, e esta lei prevê o princípio da anualidade orçamentária, expressamente disposto no seu artigo 2º, que assim orienta:

> A lei do orçamento conterá a discriminação das receitas e despesas de forma a evidenciar a política econômica e financeira e o projeto de trabalho do Governo, *obedecidos os princípios de* unidade universalidade e *anualidade*. (Grifo nosso)

A gente fala de anualidade e a própria Lei, no artigo 34, explica o seu significado no contexto brasileiro. O orçamento coincide com o período civil, ele vai de 01.01 a 31.12. Além disto está descrita no artigo 4º uma questão que reflete o dimensionamento da despesa. Qual é o limite da despesa?

O artigo 4º expõe que a lei de orçamento compreenderá todas as despesas próprias dos órgãos do governo e da administração centralizada ou que por intermédio deles se devam realizar. Mas aí vem o ponto fundamental. Estas despesas devem estar aderentes ao que preconiza o artigo 2º.

O artigo 2º trata explicitamente do princípio da anualidade de forma que nós temos aí uma condição legal exposta de que o limite da despesa deve considerar aquilo que ocorrerá entre 01.01 e 31.12, conforme o princípio da anualidade. Qual o limite, nesse sentido, da despesa? O limite da despesa é a receita.

O nosso *Manual de Demonstrativos Fiscais* (MDF) traz claramente que a projeção das receitas é fundamental para determinar as despesas. Como elaboramos um orçamento no nosso particular? A gente estima o que vai ter e dimensiona os gastos. No setor público não é muito diferente.

Obviamente em cenários de insuficiências, pode-se estabelecer outras políticas de financiamento, como captar recursos de operações de crédito, refinanciamento de dívidas, emissão de dívidas mobiliárias no caso da União, mas em cenários tradicionais e comuns o que a gente quer primeiro é saber o quanto a gente tem e então definir o que a gente vai gastar.

E nesse sentido, se não temos mais as receitas que sustentariam as despesas daquele período, não temos como falar em empenho. Aí, volto naquela fundamentação, naquela justificativa que veio lá da emenda número 36 do PLP nº 39/20 do senador Ângelo Coronel, quando observa que as prefeituras tiveram queda de ISS, queda de receitas, portanto aquelas despesas que seriam custeadas com estas receitas estariam desamparadas, sem fonte de financiamento, não havendo mais o fluxo de caixa para suportá-las.

Então na minha perspectiva, na minha concepção, se nós não temos mais a receita para sustentar aquela despesa e a lei autorizou que ela fosse realocada para o futuro, entendo que não deveríamos falar de empenho destas parcelas que estão sendo suspensas por conta da Lei nº 173/20 e de uma lei local do próprio Município. A minha visão é de que não se deve empenhar estas parcelas suspensas por conta do princípio da anualidade orçamentária e da ótica do orçamento que trabalha com um fluxo de caixa otimizado, no qual eu conto com aquilo que ocorreu efetivamente em termos de receita e já comprometo aquilo que eu tenho a intenção de gastar, materializado pelo empenho.

Quando falamos de empenho, não estamos nos referindo à competência patrimonial, estamos remetendo à competência orçamentária, que tem relação com a anualidade.

É possível existir passivo sem prévio empenho? A Lei nº 4.320/64 veda a realização da despesa sem prévio empenho. Mas existem despesas que não estão empenhadas porque não estão alocadas ao orçamento daquele período, daquele ano. Por exemplo, vide o caso dos precatórios: ninguém tem a totalidade do precatório devido alocado em um único ano, só se empenha aquilo que os Tribunais de Justiça solicitam para que se faça o pagamento para o período correspondente.

Então o Poder Executivo recebe o mapa orçamentário de credores (MOC) e, com base nesta informação, vai alocar uma dotação orçamentária para fazer frente àqueles precatórios que serão devidos no período orçamentário seguinte. Mas tem um estoque enorme de precatório que vai ser pago apenas no futuro, obviamente respeitando nossa emenda constitucional que fixou um prazo para o pagamento de todos os precatórios.

Outro exemplo é a própria dívida fundada. Quando se contrata uma operação de crédito, um empréstimo, o registro da receita orçamentária ocorre no momento do ingresso financeiro, e nesse mesmo momento se reconhece um passivo "P", um passivo permanente, o qual não passou pelo orçamento ainda, porque pode haver um prazo de carência, ele pode ser pago só no ano que vem, então só se irá empenhar quando a obrigação for efetivamente devida do ponto de vista do sacrifício financeiro para a extinção das obrigações contraídas pelo ente.

Mais um exemplo categórico: férias. As férias têm que ser reconhecidas pela contabilidade? Sim, patrimonialmente. Orçamentariamente, depende. Se a minha programação de férias vence naquele período, há de se realizar um empenho, mas como sabemos é possível acumular férias. Então, eu tenho férias de 2020 que eu só vou tirar em 21. O meu Tribunal de Contas não vai empenhar estas férias devidas a mim neste ano de 2020, porque ele não tem perspectiva de utilizar o orçamento deste ano para quitar esta obrigação. Em 2021, sim. Ele vai fazer o empenho pois eu terei que gozar destas férias. Então as férias são exemplos clássicos de passivos que existem, passivos que são reconhecidos por competência na ótica patrimonial, mas que não são empenhados, porque pode haver uma perspectiva de utilização do recurso apenas em um ano diferente.

As provisões constituem mais um exemplo de passivos que existem e que não são empenhados no momento do seu reconhecimento, lembrando ainda que as provisões são passivos de prazo ou valor incerto, fiscais, trabalhistas, cíveis e por aí vai. Também outras obrigações inerentes a folha, como licenças prêmio podem ser indenizáveis, tudo isto reflete passivos que nascem com atributo "P" e, no momento que for apropriado, onde eles devem ser efetivamente quitados, irão comprometer uma parcela do orçamento, sendo empenhados.

Concluindo, então, meu entendimento é de que estas suspensões não devem onerar o orçamento de 2020.

Simone – Considerava que deveria ter um empenho sim! Porque no artigo 9º foi suspenso o pagamento, mas não do empenho. Então, a interpretação foi a de que as despesas foram previstas para o orçamento de 2020, pois quando da elaboração da Lei Orçamentária Anual (LOA), ainda no ano de 2019, não havia qualquer expectativa de excepcionalidade. E foi com a edição da Lei Complementar nº 173 que houve a possibilidade de suspensão do pagamento da patronal.

Nesse primeira leitura do artigo 9º, tratou-se a suspensão do pagamento como uma fase do processo de despesa orçamentária. Primeiro se empenha, posteriormente ocorre a liquidação e, por último, a fase do pagamento seria a que foi facultada pela lei. O entendimento era de que só não paga a despesa orçamentária, quando não há previsão orçamentária no processo legislativo. Portanto, para o caso de uma folha de pagamento, salário e obrigação patronal se liquida e paga todo mês. Assim, num primeiro momento, não se vislumbrou a possibilidade de não empenhar e não liquidar mensalmente a folha de pagamento.

Mas é preciso considerar que se está numa situação de excepcionalidade, então, nessa primeira leitura deste artigo 9º e refletindo sob a ótica do controle, no sentido de como calcular esta despesa pessoal ou como apurar obrigações e os respectivos impactos contábeis, orçamentários e fiscais deste artigo da lei complementar.

Nessa visão de controle, entendo que deveria ser empenhada a despesa para cumprimento deste artigo 35 da Lei nº 4.320/1964, pois a despesa foi prevista naquele exercício, e por se tratar de uma obrigação patronal que incide sobre a folha de pagamento.

Afinal, quando se paga a folha de pagamento, automaticamente tem-se a despesa com a obrigação patronal. Esta foi uma primeira visão! Com total sinceridade e franqueza, esse foi o fluxo pelo qual passou a construção do meu conhecimento. Então, realizou-se uma discussão técnica com o prof. Jorge de Carvalho, com o prof. Paulo Feijó, a profa. Diana Lima, a Selene Peres. Foram muitas reflexões, e fui percebendo novos pontos de vista, outros olhares, outras percepções, e foi muito enriquecedor para o delineamento do tema. Sempre reflito que, se tivesse concordado desde o início que teria que não empenhar, não teria aprendido tanto, inclusive sobre uma lei que é lá do ano de 1964. E aí você percebe quando o Paulo Henrique Feijó publicou este artigo que o professor citou no início — empenhar ou não empenhar? Que a gente sempre falou "despesas por competência", "eu tenho que empenhar", são apresentadas diversas despesas que não são empenhadas no momento do fato gerador. Um dos exemplos foi o relatório de férias vencidas, em que havia várias despesas não empenhadas, mesmo que já incorridas, ou seja, que não se adota o mesmo critério para todos os tipos de despesa.

Nesse momento, fiz a seguinte reflexão — tem que empenhar ou não?

Em conversa com o corpo técnico do tribunal, com o presidente do Tribunal de Contas, no meio de tantas incertezas, aquela contadora, passando a mão na cabeça, como o Prof. Jorge colocou: empenho ou não empenho? Havia uma orientação da Secretaria do Tesouro Nacional para não empenhar esta despesa de obrigação patronal, mas, até aquele momento, isso não havia sido suficiente para o convencimento. Foi aí que eu parti para uma outra leitura que complementasse a discussão e passei a enxergar sob uma outra perspectiva. Nesse caso, essa suspensão seria como uma fonte de financiamento, uma opção, porque, quando se suspendem as contribuições ao INSS, o INSS ficou sendo fonte de recursos para os executivos municipais; ou seja, quando se suspende, essas obrigações são origem e aplicação do recurso. Então, o balanço é muito simples, é origem e aplicação do recurso. Quando o INSS suspende estas contribuições, ele está financiando os municípios, pois postergou o pagamento para data futura. Ao se analisar desse mesmo jeito o município, a conclusão foi a de que o próprio RPPS no executivo, neste momento de suspensão, estaria financiando o Executivo. Em tese, seria quase que uma equiparação à operação de crédito, com a diferença de que não haverá transferência financeira do RPPS para a prefeitura. Mas deixar de repassar também se equipara à operação de crédito. Portanto, nesse momento de pandemia, o RPPS é quem vai financiar o município, por meio da suspensão do pagamento das contribuições.

Nesse sentido, importante destacar que a Lei Complementar nº 173/2020 estabeleceu que serão dispensados os limites e afastadas as vedações decorrentes do artigo 35[5] da Lei de Responsabilidade Fiscal.

---

[5] "Art. 35. É vedada a realização de operação de crédito entre um ente da Federação, diretamente ou por intermédio de fundo, autarquia, fundação ou empresa estatal

Portanto, é vedada a realização de operação de crédito, entre estes da Federação. Neste momento, este ente da Federação está sendo efetivamente financiado pelo RPPS e é uma operação que ocorre em situação de calamidade pública, de excepcionalidade, que não se esperava vivenciar. Portanto, este procedimento está regulamentado pela LC nº 173/2020. Em sendo uma operação de crédito, ocorre o reconhecimento no passivo e os pagamentos são realizados a cada vencimento.

Nesse momento, após longo debate com diversos especialistas da área e muito estudo, reconheço que mudei de opinião e, para mim, também não deve ser empenhada a despesa. Foi um processo doloroso, mas, nesse momento, diferente da *live* em que eu falei com a CNM, ao lado da profa. Diana, reconheço que cabe esta interpretação. Eu consegui me convencer com este argumento. Além disso, é importante a uniformização no entendimento para que os municípios possam ter segurança nos procedimentos adotados. Para os jurisdicionados, esse direcionamento homogêneo é importante. Mas também é essencial para as ações de controle, especialmente para aquelas que buscam uma abordagem estritamente orçamentária. Estamos condicionados a procurar empenhos da despesa para realizar os procedimentos de fiscalização. Isto afetará, por exemplo, o estado do Espírito Santo, pois o TCE-ES realiza a apuração dos limites a partir das informações orçamentárias e patrimoniais que os municípios encaminham. Tudo isso ocorre de forma eletrônica e automatizada. Então, toda a especificação do sistema está baseada em orçamento; e, quando não se identifica este empenho, será necessário adequar esta sistemática para conseguir chegar no valor efetivo do gasto de pessoal.

Acho que a heterogeneidade do pensamento é que promove realmente a discussão e são muito bem-vindos os pontos de vista divergentes para que possamos construir uma proposta que seja tecnicamente a mais viável. Todas aquelas argumentações que você, Simone, havia colocado no bloco anterior são muito válidas. E fizeram com que nós refletíssemos bastante para estabelecer aquele que tecnicamente é o melhor caminho. Foi ótimo o processo, todo o seu questionamento foi muito salutar.

E só para fecharmos, em não empenhando as parcelas suspensas, o que vamos fazer em 2021, como empenharemos em 2021 e como

---

dependente, e outro, inclusive suas entidades da administração indireta, ainda que sob a forma de novação, refinanciamento ou postergação de dívida contraída anteriormente."

vamos expurgar da despesa de pessoal esta parcela que já entrou em 2020? Temos esta dificuldade ainda.

A própria STN já traz a forma de empenhar, utilizando o mesmo elemento de despesa, a mesma natureza orçamentária da despesa (3.1.90.11) para reconhecer estas obrigações. Em relação à despesa de pessoal, esta bomba termina por ficar para o controle externo. O controle vai ter que ter uma sistemática para conseguir verificar quanto foi destas parcelas que entrou em 2020 e expurgar do cálculo de 2021. Então nós temos este desafio de verificar a melhor forma de fazer isto nos nossos sistemas captadores, nas nossas ferramentas tecnológicas, e conseguir fazer este expurgo para não duplicar cálculo do limite de pessoal.

Simone – Complementando na prática, o município, em 31.01.2021, em tese, teria que empenhar estes 8 meses de contribuição. Portanto, a peça de planejamento elaborada para o exercício de 2021 teria que prever essa situação para fazer o pagamento destas 8 parcelas e a de janeiro de 2021; ou seja, já teria que prever dotação suficiente para pagar toda a despesa em janeiro de 2021.

Como isso parece operacionalmente inviável, ou seja, o município de dezembro para janeiro conseguir recursos suficientes para quitar toda a dívida, entendo que não faz sentido empenhar os 8 meses e depois anular para fazer o parcelamento.

Então, na verdade, entendo que as dotações que serão previstas para o exercício de 2021 serão do valor da parcela deste parcelamento decorrente destes 8 meses suspensos para aqueles que optaram por esta previsão do artigo 9º.

E aí, o professor bem disse, se a gente já computar estes 8 meses de maio a dezembro no gasto de pessoal, este empenho do parcelamento não pode entrar. Ele só está parcelado. Este valor que vai ser empenhado em 31.01.2021, obrigações patronais, não pode computar novamente no gasto de pessoal, pois já foi computada a obrigação patronal por competência no mês de maio, junho, julho, agosto.

Resumindo, o valor desta parcela que será paga no decorrer de 2021 não será computado no gasto de pessoal, pois já foi incluído no exercício de 2020 quando do reconhecimento pelo regime de competência e, portanto, terá que ser expurgado deste limite para não contar em duplicidade.

Informação bibliográfica deste texto, conforme a NBR 6023:2018 da Associação Brasileira de Normas Técnicas (ABNT):

CARVALHO JÚNIOR, Jorge Pinto de; VELTEN, Simone Reinholz. Lei Complementar nº 173, de 27 de maio de 2020: art. 9º e reflexos orçamentários, contábeis e fiscais. *In*: CAVALCANTE, Crislayne; RODRIGUES, Leandro Menezes (Coord.). *A Lei Complementar nº 173/2020 e seus desafios*. Belo Horizonte: Fórum, 2021. p. 53-72. ISBN: 978-65-5518-315-3.

SUSPENSÃO DE RECOLHIMENTO DA CONTRIBUIÇÃO PATRONAL: EMPENHAR OU NÃO EMPENHAR? EIS A QUESTÃO

PAULO HENRIQUE FEIJÓ

1 Contexto

A Lei Complementar nº 173 (PLP nº 39/2020) estabelece o Programa Federativo de Enfrentamento ao Coronavírus SARS-CoV-2 (Covid-19). Na essência, o referido Programa dispõe sobre um conjunto de medidas que visam dar apoio financeiro aos Estados e Municípios em dois pilares:

1) Reforço nas receitas (art. 1º, §1º, inciso III):

   a) Auxílio Financeiro Emergencial Federativo: consiste na entrega de recursos da União para os Estados, Distrito Federal e Municípios em duas componentes: a) livres; b) vinculados a despesas com a Covid.

2) Economia de despesas (art. 1º, §1º, incisos I e II).

   a) Suspensão dos pagamentos das dívidas contratadas com a União (art. 1º, §1º, inciso I): a suspensão irá até dezembro de 2020, sendo que os valores suspensos serão incorporados e começam a ser pagos a partir de janeiro de 2022;

   b) Reestruturação de operações de crédito interno e externo junto ao sistema financeiro e instituições multilaterais de crédito (art. 1º, §1º, inciso II): possibilidade de suspensão dos pagamentos devidos no exercício financeiro de 2020 para operações de crédito internas e externas.

c) Suspensão, para os Municípios, dos pagamentos das dívidas previdenciárias com o RGPS (art. 9º): Segundo a lei ficam suspensos, na forma do regulamento, os pagamentos dos refinanciamentos de dívidas dos Municípios com a Previdência Social com vencimento entre 1º de março e 31 de dezembro de 2020.

d) Suspensão, para os Municípios, do recolhimento das contribuições previdenciárias patronais devidas aos respectivos RPPS (art. 9º, §2º): desde que autorizada por lei municipal específica também pode ser suspenso o recolhimento das contribuições previdenciárias patronais dos Municípios devidas aos respectivos regimes próprios com vencimento entre 1º de março e 31 de dezembro de 2020.

Claramente o objetivo principal da Lei foi proporcionar a *ampliação do espaço fiscal dos entes subnacionais para fins de combate à pandemia.* O apoio da União veio por meio de repasse de recursos que ajudam a compensar as perdas de arrecadação e diminuição de despesas com dívidas, com isso os *recursos que orçamentariamente estavam comprometidos para o pagamento dessas dívidas poderão ser destinados ao combate da pandemia.*

Vale salientar que a Covid-19 não afetou somente despesas com saúde, mas também com assistência social aos mais vulneráveis e em alguns entes foi criada ação para pagamento de subvenção às empresas privadas visando garantir níveis de emprego.

2 A polêmica sobre o empenho da contribuição patronal

Como apresentado, uma das medidas de auxílio fiscal aos municípios foi a suspensão do recolhimento das contribuições previdenciárias patronais devidas aos respectivos Regimes Próprios de Previdência Social (RPPS) na forma do artigo transcrito a seguir:

> Art. 9º Ficam suspensos, na forma do regulamento, os pagamentos dos refinanciamentos de dívidas dos Municípios com a Previdência Social com vencimento entre 1º de março e 31 de dezembro de 2020.
>
> §1º (VETADO).
>
> § 2º A suspensão de que trata este artigo se estende ao recolhimento das contribuições previdenciárias patronais dos Municípios devidas aos respectivos regimes próprios, desde que autorizada por lei municipal específica.

Desde a publicação da Lei se iniciou uma polêmica entre os especialistas em finanças públicas sobre a necessidade ou não de se empenhar a despesa da contribuição patronal, não obstante o pagamento/recolhimento estar suspenso. Vários são os argumentos dos que defendem o empenho da despesa, mas em comum esta defesa de que a medida de suspensão do recolhimento da contribuição patronal como alívio fiscal aos municípios *pode comprometer a solvência do RPPS, em alguns casos poderá inviabilizar o pagamento da folha de inativos e afetará negativamente o resultado atuarial.*

São inegáveis os impactos negativos na gestão do RPPS decorrente da suspensão do recolhimento da contribuição patronal. Contudo, vale ressaltar que *a suspensão não ocorre de forma automática, pois a Lei Complementar exige que para entrar em vigor seja autorizada por lei municipal específica.*

Assim, deve-se entender como uma "arma fiscal" que pode ou não ser utilizada. É transparente que, *caso a suspensão comprometa o pagamento da folha de inativos não haverá nenhum ganho fiscal em aprovar a suspensão*, pois o Tesouro municipal teria que cobrir esse déficit com outras fontes e ainda estaria gerando uma dívida para pagamento futuro com o RPPS.

Outro ponto a destacar é que para alguns municípios *deixar de apropriar orçamentariamente a despesa com contribuição patronal poderá comprometer o cumprimento de limites mínimos de educação e saúde.* Nesse caso também parece cristalino que *não há vantagem em atender despesas com a pandemia e deixar de cumprir limites constitucionais* que comprometerão a aprovação de contas do gestor. Seria irracional pensar que um gestor cometa esse suicídio político.

Qual a saída nesses casos? Não aprovar a lei municipal, pois não haverá benefício nenhum para a condução da política fiscal do município nem para a prestação de contas do gestor. Com isso, é importante separar efeitos fiscais da aplicação da lei do cumprimento das regras e princípios orçamentários, pois merecem avaliações distintas.

3 O princípio da anualidade orçamentária

Entrando na discussão sobre a necessidade ou não de empenhar essa despesa que não será paga no exercício, primeiramente há que ressaltar o respeito ao princípio da anualidade orçamentária da receita e despesa. Conforme regulamenta legislação federal e *em respeito ao princípio da anualidade, as despesas relativas a contratos, convênios, acordos ou ajustes de vigência plurianual serão empenhadas, em cada exercício financeiro, pela parte nele a ser executada.*[1]

Alguns especialistas defendem que esse dispositivo que é decorrente de artigo de decreto federal somente se aplica à União. Com todo o respeito aos pensamentos divergentes, *o decreto federal apenas disciplina de forma clara o princípio da anualidade, que por sua vez deve ser seguido por todos os entes.*

Outra argumentação é que, caso a regra da anualidade fosse aplicada, seria para os valores já parcelados e não para a contribuição patronal corrente que deixaria de ser paga no exercício. Há que se lembrar que *o empenho da despesa ou a alocação de créditos orçamentários não tem relação direta com a existência ou não de passivos, mas com a possibilidade ou necessidade de efetivação do pagamento da despesa no exercício,* independentemente da existência ou não de passivos. Aliás, na maioria dos casos o passivo é gerado após a fase do empenho.

Para exemplificar o princípio da anualidade, imagine que uma entidade pública deseja alugar uma sala no período de 01.08.X1 a 31.07. X2. Escolhido o local, antes de assinar o contrato a entidade deverá empenhar as despesas, pois para garantir o empenho prévio o contrato deverá ter o número da Nota de Empenho. Supondo que o aluguel mensal seja de $1.000 unidades monetárias, qual deverá ser o valor do empenho? O valor total do contrato? Não. O valor do empenho será no montante da despesa que se espera executar no exercício, isto é, para o exercício de X1 o valor de $5.000 (agosto a dezembro). Em janeiro de X2 a unidade deverá emitir empenho da parte a ser executada em X2 no valor de $7.000, preferencialmente nos primeiros dias de janeiro de X2. Estaria correto empenhar o valor total e inscrever o saldo em restos a pagar? Tal procedimento não estará compatível com o princípio da anualidade do orçamento.

Dessa forma, *seja para dívida parcelada ou para nova dívida gerada pela suspensão do recolhimento da patronal, o que interessa para fins de alocação orçamentária será a necessidade ou não de desembolso no exercício.* Um exemplo clássico de que o empenho da despesa não tem relação com a existência ou não de passivos é o caso de empréstimos realizados pelo ente que somente devem ser pagos em exercício futuro. Ao receber os recursos do empréstimo nasce o passivo, portanto, a obrigação com o credor. Contudo, a cada exercício o quanto será alocado para pagamento dessa dívida? Apenas os valores que se espera pagar no exercício.

---

[1] Decreto Federal nº 93.872/1986, artigo 27.

Outro exemplo é o caso de precatórios ou dívidas judiciais em que o passivo é gerado e reconhecido em exercícios anteriores, mas os créditos orçamentários somente serão alocados nos orçamentos futuros, até o montante do que se espera pagar no exercício.

Assim, *a suspensão da patronal gera uma dívida no presente (2020) com previsão de ser paga em 2021, portanto os créditos orçamentários deverão ser alocados na LOA de 2021.*

Há também a argumentação de que a despesa deveria ser empenhada, pois a legislação estabelece que pertence ao exercício financeiro a despesa nele empenhada, e que não deve haver despesa sem prévio empenho. Desta forma, e considerando que houve o reconhecimento das despesas de remuneração dos servidores, por imposição legal, haveria a exigibilidade das contribuições patronais dela decorrente.

Quanto a esse argumento, trata-se de duas verdades que não guardam correlação direta, sendo que a obrigação do empenho prévio e o reconhecimento no exercício financeiro é uma premissa legal indiscutível. Também *não se discute que deverá haver o reconhecimento sob a ótica patrimonial da exigibilidade, ou seja, a suspensão do recolhimento ensejará o reconhecimento do passivo em contrapartida da variação patrimonial diminutiva (VPD),* mas isso se trata de Contabilidade Patrimonial. Como apresentado, *sob a ótica orçamentária o que se deve avaliar é se a obrigação gerada precisará ser paga no exercício.*

Nesse ponto *o que também parece estar em discussão é se a obrigação reconhecida no fato gerador deverá ser sempre empenhada, o que não é uma verdade.* Observe que os juros incidentes sobre dívidas devem ser reconhecidos periodicamente aumentando o passivo em contrapartida de VPD. Contudo, não necessariamente precisará ser empenhado, pois somente a parcela a ser paga no exercício é que demandará crédito orçamentário e esta parcela não será obrigatoriamente igual à reconhecida por competência, quando do fato gerador.

4   Não se pode perder a essência da lei

Apresentados os aspectos relacionados com anualidade orçamentária, é preciso muita atenção para não se perder a essência do dispositivo legal. Nesse sentido, a ideia foi dar um fôlego fiscal para que o município possa se valer dos recursos que antes estariam destinados ao pagamento da contribuição patronal, para serem alocados em outra finalidade.

Caso tenha que empenhar a despesa perde-se o propósito da lei, pois obrigatoriamente teria que ser identificada a fonte que financiará a despesa e esta obviamente não estará mais disponível para financiar outra despesa, que é o objetivo do dispositivo legal.

Para rebater esta linha de raciocínio os defensores do empenho indicam a possibilidade de o município abrir créditos extraordinários sem a indicação do recurso orçamentário que financiará o crédito. Tecnicamente é uma possibilidade, que sob o prisma fiscal gera exigibilidade e passivo sem lastro, da mesma forma que ocorrerá com a dívida decorrente da suspensão do pagamento da contribuição patronal.

Entretanto, sob uma ótica de equilíbrio orçamentário e financeiro e planejamento futuro, a abertura de crédito extraordinário pode ser pior do que a suspensão da patronal. Isso porque há exigência normativa de que o pagamento da dívida gerada pela suspensão terá que ser desembolsado em 2021, portanto deverá estar prevista no orçamento futuro. Já o crédito extraordinário sem lastro financeiro poderá ser um desequilíbrio de 2020, não planejado no orçamento de 2021, que fatalmente ensejará o contingenciamento de despesas no exercício seguinte.

5   O que diz a Secretaria do Tesouro Nacional

A Secretaria do Tesouro Nacional, por meio da Nota Técnica SEI nº 25.948/2020/ME, tratou da contabilização das suspensões de pagamentos de obrigações definidas na Lei Complementar nº 173, de 27 de maio de 2020.

A norma adota tratamento alinhado com o entendimento apresentado nesse artigo, reforçando que as despesas com as contribuições patronais suspensas devem ser reconhecidas patrimonialmente e incluídas no cômputo da Despesa com Pessoal no período desse reconhecimento, de acordo com o que estabelece a Lei de Responsabilidade Fiscal.

Para tanto, o Demonstrativo da Despesa com Pessoal, constante do *Manual de Demonstrativos Fiscais – MDF*, 11ª edição, válido para o exercício de 2021, incluiu a linha "Despesa com Pessoal não Executada Orçamentariamente[2]", cuja função é evidenciar as despesas com pessoal que deveriam ser executadas orçamentariamente no período de referência do demonstrativo, mas que não passaram por essa execução.

---

[2]   Ressalta-se que os valores registradas nessa linha devem ser detalhados em notas explicativas e que, quando ocorrer a execução orçamentária dos valores aqui registrados, a exclusão das despesas já demonstradas anteriormente também deve ser destacada em nota explicativa.

Por fim, a Nota Técnica SEI nº 25.948/2020/ME reforça que, caso o ente da federação opte pela suspensão do pagamento, não deverá ocorrer o empenho das obrigações suspensas, pois, nessa situação, essas obrigações serão pagas no exercício de 2021 ou serão objeto de termo de acordo de parcelamento para pagamento nos orçamentos futuros.

6 Conclusão

O benefício de suspensão do recolhimento da contribuição patronal na forma prevista na LC nº 173/2020 não é automático e depende de aprovação de lei municipal específica. Assim, trata-se de mecanismo que carece de avaliação por parte do gestor quanto ao custo/benefício de se utilizar, dado que pode ter impactos em limites constitucionais e de sustentabilidade do RPPS.

Obviamente, sob a ótica patrimonial é fundamental que se reconheça no fato gerador o passivo da contribuição patronal em contrapartida da variação patrimonial diminutiva, até porque esta informação deverá ser considerada como despesa com pessoal para fins de limite da Lei de Responsabilidade Fiscal, que estabelece literalmente que a despesa com pessoal deve ser reconhecida por competência.

Dessa forma, não se pode confundir efeitos fiscais decorrentes da aprovação de uma legislação com a aplicação de regras e princípios orçamentários, em especial o clássico princípio da anualidade orçamentária.

Não se discute o fato de a suspensão do recolhimento da contribuição patronal trazer efeitos financeiros, fiscais e atuariais negativos para gestão do RPPS, mas uma vez aprovada a lei municipal está revestida de todos os aspectos legais. *Mesmo cheios de boa intenção, argumentos de zelo e preservação do RPPS não mudam regras e princípios orçamentários. Nesse sentido, o princípio da anualidade orçamentária é suficiente para embasar que não se deve empenhar a despesa cujo pagamento está previsto para exercícios futuros.*

Por fim, nessa temática do empenho da despesa, não se vislumbra qual seria o ganho para o RPPS o simples fato de a despesa estar empenhada e não acontecer o recolhimento da contribuição patronal, pois os impactos financeiros, fiscais e atuariais nos fundos de previdência decorreriam da falta de recursos arrecadados e não do empenho da despesa por parte do devedor. Em outras palavras, o empenho da despesa não vai melhorar o resultado atuarial, nem o resultado financeiro e não garantirá recursos para pagamento da folha de inativos.

Se o objetivo dos defensores do empenho da despesa é desincentivar que o gestor tome a decisão de suspender os recolhimentos, que encontremos outra forma que garanta o respeito aos princípios orçamentários.

Informação bibliográfica deste texto, conforme a NBR 6023:2018 da Associação Brasileira de Normas Técnicas (ABNT):

FEIJÓ, Paulo Henrique. Suspensão de Recolhimento da Contribuição Patronal: empenhar ou não empenhar? Eis a questão. *In*: CAVALCANTE, Crislayne; RODRIGUES, Leandro Menezes (Coord.). *A Lei Complementar nº 173/2020 e seus desafios*. Belo Horizonte: Fórum, 2021. p. 73-80. ISBN: 978-65-5518-315-3.

IMPACTO DA PANDEMIA E DO DIREITO FINANCEIRO EMERGENCIAL NA APRECIAÇÃO DAS CONTAS DOS CHEFES DE PODER EXECUTIVO

DONATO VOLKERS MOUTINHO

1   Introdução

O assunto do ano de 2020 é a pandemia de COVID-19, causada pelo coronavírus da síndrome respiratória aguda grave 2 (SARS-CoV-2). Desde os primeiros relatos[1][2] de que a doença foi identificada na cidade de Wuhan, província chinesa de Hubei, em dezembro de 2019, governos mundo afora direcionam seus esforços para adotar as medidas que entendem ser necessárias tanto para a combater como para enfrentar os seus efeitos econômicos e sociais.

No Brasil, em janeiro de 2020, ocorreu uma escalada nos níveis oficiais de alerta até que o Ministério da Saúde declarou, em 3 de fevereiro, Emergência em Saúde Pública de Importância Nacional em decorrência da infecção humana pelo novo coronavírus.[3] Na mesma

---

[1]   ZHOU, Peng *et al.* A pneumonia outbreak associated with a new coronavirus of probable bat origin, *Nature*, 3 feb. 2020. Disponível em: https://doi.org/10.1038/s41586-020-2012-7. Acesso em: 23 out. 2020.

[2]   WU, Fan *et al.* A new coronavirus associated with human respiratory disease in China, *Nature*, 3 feb. 2020. Disponível em: https://doi.org/10.1038/s41586-020-2008-3. Acesso em: 23 out. 2020.

[3]   BRASIL. Ministério da Saúde. Portaria nº 188, de 3 de fevereiro de 2020. Declara Emergência em Saúde Pública de importância Nacional (ESPIN) em decorrência da

data, o presidente da República encaminhou, ao Congresso Nacional, projeto de lei que resultou na aprovação da Lei n. 13.979, de 6 de fevereiro de 2020, que dispõe sobre as medidas sanitárias que podem ser adotadas para enfrentamento da pandemia e, também, prevê condições especiais para a aquisição de insumos destinados a tal finalidade.[4] [5]

Ocorre que, como restou evidente já no primeiro trimestre, para o enfrentamento dos efeitos sanitários, sociais e econômicos decorrentes de uma pandemia desse porte e gravidade, além da previsão das ações excepcionais previstas na Lei nº 13.979/2020, é necessária a destinação de vultosos recursos financeiros. Assim, com o objetivo de afastar quaisquer obstáculos jurídicos à adequada destinação dos recursos necessários ao enfrentamento da pandemia, o Congresso Nacional tomou uma série de medidas legislativas, acionando, criando e alterando normas financeiras aplicáveis durante situações de calamidade pública.

Inicialmente, em 20 de março, pelo Decreto Legislativo nº 6, de 2020,[6] reconheceu a ocorrência do estado de calamidade pública, como um gatilho para o acionamento das normas financeiras emergenciais previstas no artigo 65 da Lei Complementar (LC) nº 101, de 4 de maio de 2000, a Lei de Responsabilidade Fiscal (LRF). Conquanto, antes dessa medida, o governo federal já destinara – mediante abertura de créditos extraordinários, fundada no artigo 167, §3º, da Constituição

---

Infecção Humana pelo novo Coronavírus (2019-nCoV). *Diário Oficial da União*, Brasília, a. CLVIII, n. 24-A, Seção 1, p. 1, 4 fev. 2020. Disponível em: https://pesquisa.in.gov.br/imprensa/jsp/visualiza/index.jsp?jornal=600&pagina=1&data=04/02/2020&totalArquivos=1. Acesso em: 23 out. 2020.

[4] BRASIL. Presidente da República. Mensagem nº 28, de 4 de fevereiro de 2020. Encaminhamento ao Congresso Nacional do texto do projeto de lei que "Dispõe sobre as medidas sanitárias para enfrentamento da emergência de saúde pública de importância internacional decorrente do coronavírus". *Diário Oficial da União*, Brasília, a. CLVIII, n. 24-A, Seção 1, p. 1, 4 fev. 2020. Disponível em: https://pesquisa.in.gov.br/imprensa/jsp/visualiza/index.jsp?jornal=600&pagina=1&data=04/02/2020&totalArquivos=1. Acesso em: 23 out. 2020.

[5] BRASIL. Lei nº 13.979, de 6 de fevereiro de 2020. Dispõe sobre as medidas para enfrentamento da emergência de saúde pública de importância internacional decorrente do coronavírus responsável pelo surto de 2019. *Diário Oficial da União*, Brasília, a. CLVIII, n. 27, Seção 1, p. 1, 7 fev. 2020. Disponível em: https://pesquisa.in.gov.br/imprensa/jsp/visualiza/index.jsp?data=07/02/2020&jornal=515&pagina=1&totalArquivos=77. Acesso em: 23 out. 2020.

[6] BRASIL. Congresso Nacional. Decreto Legislativo nº 6, de 2020. Reconhece, para os fins do art. 65 da Lei Complementar nº 101, de 4 de maio 2000, a ocorrência do estado de calamidade pública, nos termos da solicitação do Presidente da República encaminhada por meio da Mensagem nº 93, de 18 de março de 2020. *Diário Oficial da União*, Brasília, a. CLVIII, n. 55-C, Seção 1, p. 1, 20 mar. 2020. Disponível em: https://pesquisa.in.gov.br/imprensa/jsp/visualiza/index.jsp?jornal=602&pagina=1&data=20/03/2020&totalArquivos=1. Acesso em: 23 out. 2020.

da República Federativa do Brasil de 1988 (CRFB/1988) – recursos ao enfrentamento da pandemia,[7] foi a partir dela – especificamente, das dispensas do atingimento das metas de resultado fiscal e da necessidade de limitação de empenho, previstas no artigo 65, inciso II, da LRF –, na primeira dezena de abril, que a União instituiu e destinou recursos às principais ações voltadas ao seu enfrentamento, especialmente, de seus efeitos econômicos e sociais, tais como o programa emergencial de manutenção de emprego e renda, o apoio financeiro para compensar a queda nos valores creditados nos fundos de participação dos estados e dos municípios e a concessão de auxílio emergencial.[8]

---

[7] Em 13 de março, destinou mais de cinco bilhões de reais aos ministérios da Educação e da Saúde, para o enfrentamento da emergência de saúde pública decorrente do coronavírus, cf. BRASIL. Medida Provisória nº 924, de 13 de março de 2020. Abre crédito extraordinário, em favor dos Ministérios da Educação e da Saúde, no valor de R$ 5.099.795.979,00, para os fins que especifica. *Diário Oficial da União*, Brasília, a. CLVIII, n. 50-B, Seção 1, p. 1, 13 mar. 2020. Disponível em: https://pesquisa.in.gov.br/imprensa/jsp/visualiza/index.jsp?jornal=6 01&pagina=1&data=13/03/2020&totalArquivos=2. Acesso em: 23 out. 2020.

[8] Tais ações foram instituídas, respectivamente, pelas medidas provisórias nº 936, de 1º de abril de 2020, e nº 938, de 2 de abril de 2020, e pela Lei nº 13.982, de 2 de abril de 2020, enquanto os recursos lhes foram destinados, respectivamente, pelas medidas provisórias nº 935, de 1º de abril de 2020, nº 939, de 2 de abril de 2020, e nº 937, de 2 de abril de 2020, cf. BRASIL. Medida Provisória nº 936, de 1º de abril de 2020. Institui o Programa Emergencial de Manutenção do Emprego e da Renda e dispõe sobre medidas trabalhistas complementares para enfrentamento do estado de calamidade pública reconhecido pelo Decreto Legislativo nº 6, de 20 de março de 2020, e da emergência de saúde pública de importância internacional decorrente do coronavírus (covid-19), de que trata a Lei nº 13.979, de 6 de fevereiro de 2020, e dá outras providências. *Diário Oficial da União*, Brasília, a. CLVIII, n. 63-D, Seção 1, p. 1-3, 1 abr. 2020. Disponível em: https://pesquisa. in.gov.br/imprensa/jsp/visualiza/index.jsp?jornal=603&pagina=1&data=01/04/2020&tota lArquivos=4. Acesso em: 23 out. 2020; BRASIL. Medida Provisória nº 938, de 2 de abril de 2020. Dispõe sobre a prestação de apoio financeiro pela União aos entes federativos que recebem recursos do Fundo de Participação dos Estados - FPE e do Fundo de Participação dos Municípios - FPM, com o objetivo de mitigar as dificuldades financeiras decorrentes do estado de calamidade pública reconhecido pelo Decreto Legislativo nº 6, de 20 de março de 2020, e da emergência de saúde pública de importância internacional decorrente do coronavírus (covid-19). *Diário Oficial da União*, Brasília, a. CLVIII, n. 64-B, Seção 1, p. 1, 2 abr. 2020. Disponível em: https://pesquisa.in.gov.br/imprensa/ jsp/visualiza/index.jsp?jornal=601&pagina=1&data=02/04/2020&totalArquivos=2. Acesso em: 23 out. 2020; BRASIL. Lei nº 13.982, de 2 de abril de 2020. Altera a Lei n. 8.742, de 7 de dezembro de 1993, para dispor sobre parâmetros adicionais de caracterização da situação de vulnerabilidade social para fins de elegibilidade ao benefício de prestação continuada (BPC), e estabelece medidas excepcionais de proteção social a serem adotadas durante o período de enfrentamento da emergência de saúde pública de importância internacional decorrente do coronavírus (Covid-19) responsável pelo surto de 2019, a que se refere a Lei n. 13.979, de 6 de fevereiro de 2020. *Diário Oficial da União*, Brasília, a. CLVIII, n. 64-A, Seção 1, p. 1-2, 2 abr. 2020. Disponível em: https://pesquisa.in.gov.br/imprensa/ jsp/visualiza/index.jsp?data=02/04/2020&jornal=600&pagina=2&totalArquivos=4. Acesso em: 23 out. 2020; BRASIL. Medida Provisória n. 935, de 1º de abril de 2020. Abre crédito extraordinário, em favor do Ministério da Economia, no valor de R$ 51.641.629.500,00, para os fins que especifica. *Diário Oficial da União*, Brasília, a. CLVIII, n. 63-D, Seção 1, p. 1,

Entendendo que as ferramentas jurídicas acionadas pelo reconhecimento da ocorrência de situação de calamidade pública, somadas às instituídas pela Lei nº 13.979/2020, não eram suficientes para o eficiente, eficaz e efetivo enfrentamento da pandemia, no mês de maio, o Congresso Nacional promulgou a Emenda Constitucional (EC) nº 106, de 7 de maio de 2020,[9] conhecida como "Orçamento de Guerra", e aprovou a LC nº 173, de 27 de maio de 2020.[10]

Em comum, tais medidas alteram, de forma excepcional e com vigência adstrita à duração da calamidade e de suas consequências econômicas e sociais, normas incidentes sobre a gestão contábil, financeira, orçamentária, operacional e patrimonial – ou, resumidamente, financeira e orçamentária[11] – da Administração Pública. Em decorrência, além dos seus imediatos efeitos na gestão financeira e orçamentária, as referidas inovações legislativas, somadas aos efeitos do reconhecimento da ocorrência do estado de calamidade pública, como se argumenta neste ensaio, afetam o modo como os chefes de Poder Executivo devem prestar suas contas referentes ao período e, especialmente, o modo como os tribunais de contas devem apreciá-las.

---

1 abr. 2020. Disponível em: https://pesquisa.in.gov.br/imprensa/jsp/visualiza/index.jsp?jo rnal=603&pagina=1&data=01/04/2020&totalArquivos=4. Acesso em: 23 out. 2020; BRASIL. Medida Provisória n. 939, de 2 de abril de 2020. Abre crédito extraordinário, em favor de Transferências a Estados, Distrito Federal e Municípios, no valor de R$ 16.000.000.000,00, para os fins que especifica. *Diário Oficial da União*, Brasília, a. CLVIII, n. 64-B, Seção 1, p. 1, 2 abr. 2020. Disponível em: https://pesquisa.in.gov.br/imprensa/jsp/visualiza/index.js p?jornal=601&pagina=1&data=02/04/2020&totalArquivos=28. Acesso em: 23 out. 2020; e BRASIL. Medida Provisória n. 937, de 2 de abril de 2020. Abre crédito extraordinário, em favor do Ministério da Cidadania, no valor de R$ 98.200.000.000,00, para os fins que especifica. *Diário Oficial da União*, Brasília, a. CLVIII, n. 64-A, Seção 1, p. 2, 2 abr. 2020. Disponível em: https://pesquisa.in.gov.br/imprensa/jsp/visualiza/index.jsp?data=02/04/20 20&jornal=600&pagina=2&totalArquivos=4. Acesso em: 23 out. 2020.

9 BRASIL. Emenda Constitucional n. 106, de 7 de maio de 2020. Institui regime extraordinário fiscal, financeiro e de contratações para enfrentamento da calamidade pública nacional decorrente de pandemia. *Diário Oficial da União*, Brasília, a. CLVIII, n. 87, Seção 1, p. 1-2, 8 maio. 2020. Disponível em: https://pesquisa.in.gov.br/imprensa/jsp/visualiza/index.jsp?d ata=08/05/2020&jornal=515&pagina=2&totalArquivos=222. Acesso em: 23 out. 2020.

10 BRASIL. Lei Complementar n. 173, de 27 de maio de 2020. Estabelece o Programa Federativo de Enfrentamento ao Coronavírus SARS-CoV-2 (Covid-19), altera a Lei Complementar n. 101, de 4 de maio de 2000, e dá outras providências. *Diário Oficial da União*, Brasília, a. CLVIII, n. 101, Seção 1, p. 4-6, 28 maio 2020. Disponível em: https:// pesquisa.in.gov.br/imprensa/jsp/visualiza/index.jsp?data=28/05/2020&jornal=515&pagin a=4&totalArquivos=154. Acesso em: 23 out. 2020.

11 Doravante, neste capítulo, utiliza-se a expressão "financeira e orçamentária" como forma resumida de representar o conjunto "contábil, financeira, orçamentária, operacional e patrimonial". Desse modo, ao se escrever administração, gestão, fiscalização, *accountability* etc. financeira e orçamentária, na verdade, se refere a administração, gestão, fiscalização, *accountability* etc. contábil, financeira, orçamentária, operacional e patrimonial.

Dessa forma, o objetivo deste ensaio é, justamente, demonstrar que, em conjunto, o Decreto Legislativo nº 6/2020, a EC nº 106/2020 e a LC nº 173/2020, doravante, neste ensaio, referidos em conjunto como direito financeiro emergencial,[12] impactam a apreciação, pelos tribunais de contas do Brasil, das contas do presidente da República, dos governadores de estado e do Distrito Federal (DF) e dos prefeitos municipais, referentes ao exercício de 2020.

Convém destacar que, conquanto os resultados dos processos de julgamento das contas desses governantes ainda frustram expectativas, como deixam transparecer Charles Pessanha,[13] Bruno Mitsuo Nagata[14] e Weder de Oliveira,[15] a sua apreciação, que se repete desde 1935,[16] é reiteradamente qualificada como a mais alta, nobre, complexa e abrangente tarefa atribuída aos tribunais de contas brasileiros, o ponto alto de sua atuação.[17] Ademais, o seu produto, qual seja, o parecer prévio,

---

[12] Embora a expressão "Direito Financeiro de guerra", utilizada por Luma Cavaleiro de Macêdo Scaff e Arthur Porto Reis Guimarães, seja interessante, entende-se neste ensaio que o termo emergencial é mais preciso, cf. SCAFF, Luma Cavaleiro de Macêdo; GUIMARÃES, Arthur Porto Reis. A missão do "Direito Financeiro de guerra" na luta contra a Covid-19. *Conjur*, São Paulo, 8 jul. 2020. Disponível em: https://www.conjur.com.br/2020-jul-08/scaff-guimaraes-direito-financeiro-guerra-covid-19. Acesso em: 27 out. 2020.

[13] PESSANHA, Charles. Controle externo: a função esquecida do legislativo no Brasil. *In*: SCHWARTZMAN, Luisa Farah; SCHWARTZMAN, Isabel Farah; SCHWARTZMAN, Felipe Farah; SCHWARTZMAN, Michel Lent (Org.). *O sociólogo e as políticas públicas*. Rio de Janeiro: Fundação Getúlio Vargas, 2009. p. 257.

[14] NAGATA, Bruno Mitsuo. Fiscalização financeira quanto à legitimidade. 2012. 237 f. Dissertação (Mestrado em Direito) – Departamento de Direito Econômico, Financeiro e Tributário, Faculdade de Direito, Universidade de São Paulo, São Paulo, 2012. f. 177.

[15] OLIVEIRA, Weder de. Precisamos falar sobre contas... uma nova perspectiva sobre a apreciação das contas anuais do Presidente da República pelo Congresso Nacional mediante parecer prévio do Tribunal de Contas da União. In: LIMA, Luiz Henrique; OLIVEIRA, Weder de; CAMARGO, João Batista (Coord.). *Contas governamentais e responsabilidade fiscal*. Belo Horizonte: Fórum, 2017. p. 17-18.

[16] Cf. BALEEIRO, Aliomar. O tribunal de contas e o controle da execução orçamentária. *Revista de Direito Administrativo*, Rio de Janeiro, v. 31, p. 10-22, 1953. p. 18-19; FERREIRA, Cláudio. *O julgamento das contas públicas e o sistema de controle parlamentar do Governo na Constituição brasileira de 1988*. 2011. 161 f. Dissertação (Mestrado em Direito) – Departamento de Direito do Estado, Faculdade de Direito, Universidade de São Paulo, São Paulo, 2011. f. 64; e MENEZES, Monique. La expansión del control externo en Brasil: el Tribunal de Cuentas de La Unión. *Desacatos*, Ciudad de México, n. 49, p. 64-81, 2015. p. 71.

[17] Cf. SOUZA, Luciano Brandão Alves de. A Constituição de 1988 e o Tribunal de Contas da União. *Revista de Informação Legislativa*, Brasília, v. 26, n. 102, p. 173-184, abr./jun. 1989. p. 176-177; PESSANHA, Charles. Controle externo: a função esquecida do legislativo no Brasil. In: SCHWARTZMAN, Luisa Farah; SCHWARTZMAN, Isabel Farah; SCHWARTZMAN, Felipe Farah; SCHWARTZMAN, Michel Lent (Org.). *O sociólogo e as políticas públicas*. Rio de Janeiro: Fundação Getúlio Vargas, 2009. p. 254-255; NARDES,

traz a informação, dentre as produzidas pelos tribunais de contas, mais frequentemente utilizada por integrantes da sociedade, da academia e de outras instituições governamentais, conforme Rogério Bastos Arantes, Fernando Luiz Abrucio e Marco Antonio Carvalho Teixeira.[18] Esse panorama reforça a importância da investigação acerca dos efeitos desse direito financeiro emergencial na apreciação, pelos tribunais de contas do Brasil, das contas, referentes a 2020, a serem prestadas pelos chefes de Poder Executivo.

Na seção 2 deste ensaio, apresenta-se, para fins de nivelamento, a estrutura da apreciação, pelas cortes de controle externo, das contas prestadas por presidentes, governadores e prefeitos. Em seguida, na seção 3, demonstra-se que o direito financeiro emergencial impacta tal apreciação. Encerra-se, então, o ensaio com a reunião de suas conclusões.

2 Contas dos governantes

Nas democracias atuais, os governantes têm a obrigação de prestar contas de sua atuação não somente aos eleitores e à sociedade de maneira geral, no foro da *accountability* vertical, como perante as agências estatais a que o sistema jurídico tenha formalmente capacitado para responsabilizar-lhes, na expressão da *accountability* horizontal.[19]

No Brasil, em consequência da opção pelo presidencialismo – cuja dinâmica é replicada, por força da CRFB/1988, da União para os entes subnacionais –, os chefes de Poder Executivo reúnem um amplo conjunto de atribuições que, em tempos nos quais o Estado é cada vez mais demandado a fornecer serviços à população, aliado à amplitude da legitimidade eleitoral decorrente dos votos obtidos em toda a sua circunscrição eleitoral, lhes conferem proeminência em relação às

---

João Augusto Ribeiro. Contas de governo de 2014 – Um marco nos 15 anos da LRF. *Revista Técnica dos Tribunais de Contas – RTTC*, Belo Horizonte, a. 3, n. 1, p. 121-140, dez. 2016. Disponível em: http://www.bidforum.com.br/bid/PDI0006.aspx?pdiCntd=246709. Acesso em: 9 out. 2019. p. 9 (Versão digital); e BRASIL. Tribunal de Contas da União. *Relatório e parecer prévio sobre as contas do presidente da República*: exercício de 2018. Relator: Ministra Ana Arraes. Plenário, Brasília, 12 de junho de 2019. Disponível em: https://portal.tcu.gov.br/contas-do-governo/index.html. Acesso em: 6 nov. 2019. p. 13.

[18] ARANTES, Rogério Bastos; ABRUCIO, Fernando Luiz; TEIXEIRA, Marco Antonio Carvalho. A imagem dos tribunais de contas subnacionais. *Revista do Serviço Público*, Brasília, v. 56, n. 1, p. 57-83, 2005. p. 62.

[19] MOUTINHO, Donato Volkers. *Contas dos governantes*: apreciação das contas dos chefes de Poder Executivo pelos tribunais de contas do Brasil. São Paulo: Blucher, 2020. p. 57-69.

demais autoridades públicas. Nesse conjunto de atribuições, destacam-se aquelas relacionadas com a gestão financeira e orçamentária da Administração Pública, na medida em que lhes cabe liderar não somente a elaboração da proposta orçamentária do Executivo, mas, também: a consolidação das propostas apresentadas pelos demais poderes e órgãos independentes; a participação do Executivo no processo legislativo orçamentário, do qual detém a iniciativa exclusiva; e a execução da maior fatia dos recursos orçamentários, inclusive das emendas parlamentares, tendo à sua disposição os instrumentos de flexibilidade orçamentária e lhe cabendo a entrega dos duodécimos ao Legislativo, ao Judiciário, aos ministérios públicos, às defensorias públicas e às cortes de contas.[20]

Em consequência, a sujeição dos presidentes da República, governadores de estado e do DF e prefeitos municipais à *accountability* deve ocorrer em todos os campos de sua atuação, inclusive na gestão financeira e orçamentária da Administração Pública. Logo, a CRFB/1988, em seus artigos 84, inciso XXIV, 31, §2º, e 75, determina que eles, anualmente, prestem contas referentes ao exercício anterior. Tais contas, na sistemática constitucional, devem ser apreciadas pelo tribunal de contas competente e julgadas pelo respectivo Poder Legislativo, como estabelecem combinados os artigos 71, inciso I, 75, 31, §2º, e 49, inciso IX, da Constituição.

Veja que, embora a CRFB/1988 mantenha no parlamento a competência para o julgamento das contas dos governantes, ela determina a participação das cortes de controle externo, que, com a finalidade de reduzir a assimetria de informação entre o Executivo e o Legislativo e, também, amenizar o caráter político desse julgamento, devem apreciar as contas e emitir parecer prévio a seu respeito.

Aliás, a produção de informações, seja a certificação daquelas inicialmente geradas pelo Poder Executivo, seja o relato direto acerca de determinado objeto é, justamente, a atividade essencial das Entidades Fiscalizadoras Superiores (EFS) mundo afora. Em verdade, se algumas EFS, como os tribunais de contas brasileiros, possuem, também, competência para atribuir responsabilidade financeira ou aplicar sanções de caráter não patrimonial, todas têm essa finalidade de produzir informações confiáveis a serem consumidas, principalmente, pelos cidadãos

---

[20] MOUTINHO, Donato Volkers. *Contas dos governantes*: apreciação das contas dos chefes de Poder Executivo pelos tribunais de contas do Brasil. São Paulo: Blucher, 2020. p. 166-184.

e por seus representantes no parlamento, que, juntos, são os principais usuários previstos dos seus trabalhos, inclusive, dos pareceres prévios. O objeto mínimo da apreciação das contas dos chefes de Poder Executivo, realizada pelas cortes de contas, deve abranger as demonstrações contábeis consolidadas de cada ente e a execução do orçamento, incluindo nesta os resultados na condução das políticas públicas, em termos de economicidade, eficiência, eficácia, efetividade e equidade e os eventuais desfalques, desvios de bens ou quaisquer outras irregularidades em razão das quais haja prejuízo ao erário.[21] Percebe-se, portanto, que a apreciação – e também o seu objetivo –, pode ser dividida em dois grandes blocos, tendo os balanços gerais de um lado e a execução dos orçamentos de outro.

No pilar da apreciação dos balanços gerais, o objetivo é opinar se as demonstrações contábeis apresentadas por presidentes, governadores e prefeitos, conforme o caso, representam adequadamente, as posições financeira, orçamentária e patrimonial, na data de encerramento do exercício ao qual as contas se referem.

Para formar essa opinião, a apreciação dos balanços exige, das cortes de controle externo, a realização de uma auditoria financeira, baseada em normas técnicas profissionais nacionais e internacionais, nas demonstrações contábeis consolidadas. Tal certificação dos balanços aumenta o grau de confiança neles depositado pelos cidadãos e pelos seus representantes eleitos, contribuindo para o aperfeiçoamento da *accountability* vertical e horizontal e da própria democracia. Não dá para abrir mão dessa auditoria financeira.

No outro pilar, referente à execução dos orçamentos, o objetivo da apreciação é opinar se os orçamentos fiscal, de investimentos das empresas estatais e da seguridade social foram executados em conformidade com os princípios constitucionais e legais regentes da administração pública e com as demais normas constitucionais, legais e regulamentares aplicáveis. Tal apreciação deve partir dos objetivos e metas de médio prazo prescritos no Plano Plurianual (PPA), passar pelos objetivos e metas de curto prazo definidos na Lei de Diretrizes Orçamentárias (LDO), para só então cuidar, especificamente, da conformidade da execução da Lei Orçamentária Anual (LOA).

Veja que são os princípios e demais normas constitucionais, legais e regulamentares aplicáveis à execução dos orçamentos que

---

[21] MOUTINHO, Donato Volkers. *Contas dos governantes*: apreciação das contas dos chefes de Poder Executivo pelos tribunais de contas do Brasil. São Paulo: Blucher, 2020. p. 297-373.

condicionam a regulamentação dos critérios a serem utilizados em sua apreciação. Assim, na medida em que a CRFB/1988, a LRF e as LDO são os principais veículos introdutores de normas disciplinadoras da execução orçamentária, pode-se assinalar que nelas estão os principais critérios mínimos a serem utilizados em sua apreciação.[22]

Tendo em conta esses dois pilares, cada parecer prévio sobre contas prestadas por chefes de Poder Executivo, para que efetivamente auxilie o julgamento das contas pelo Poder Legislativo e seja instrumento de transparência fiscal, deve ser uma espécie de espelho da apreciação realizada. Assim, deve apresentar uma apreciação geral e fundamentada da gestão financeira e orçamentária do respectivo ente, referente a determinado exercício, e enunciar as opiniões do tribunal de contas competente, acompanhadas dos achados nos quais se fundamentam, em relação à exatidão das demonstrações contábeis apresentadas e à conformidade da execução dos orçamentos fiscal, de investimentos das empresas estatais e da seguridade social, formadas via realização, respectivamente, da apreciação dos balanços gerais e da apreciação da execução orçamentária.

Nele, a corte de controle externo competente deve se manifestar pela aprovação, aprovação com ressalva ou rejeição das contas apreciadas, em conclusão que deve derivar diretamente das opiniões nele veiculadas em relação à exatidão dos balanços gerais e à conformidade da execução dos orçamentos. Logo, na medida em que a conclusão do parecer deve derivar das opiniões, nos casos em que os tribunais de contas não fazem as análises necessárias para emitir opiniões acerca tanto das demonstrações contábeis – como as auditorias financeiras – quanto da execução orçamentária, a emissão do parecer prévio é prejudicada.

3 Impacto da pandemia e do direito financeiro emergencial na apreciação das contas

Primeiro, é necessário destacar que nem a pandemia, nem qualquer norma do direito financeiro emergencial exime os agentes públicos, em geral, e os governantes, em particular, da obrigação de prestar contas. Portanto, valem, em relação ao exercício de 2020, as normas constitucionais que determinam que os chefes de Poder Executivo prestem

---

[22] MOUTINHO, Donato Volkers. *Contas dos governantes*: apreciação das contas dos chefes de Poder Executivo pelos tribunais de contas do Brasil. São Paulo: Blucher, 2020. p. 315-368.

suas contas perante o respectivo Legislativo, elas sejam encaminhadas ao tribunal de contas competente – para apreciação e emissão de parecer prévio – e retornem ao parlamento para julgamento, conforme artigos 84, inciso XXIV, 71, inciso I, 75, 31, §2º, e 49, inciso IX, da CRFB/1988.

Como produtos voltados ao parlamento e à sociedade, o conteúdo dos pareceres prévios, observados os requisitos do conjunto normativo, deve ser aquele que, cumprindo a finalidade de reduzir a assimetria de informação, seja relevante para eles. Afinal, como preconizam os pronunciamentos profissionais da International Organization of Supreme Audit Institutions (INTOSAI) e as Normas Brasileiras de Auditoria do Setor Público (NBASP), os trabalhos de auditoria devem ser planejados, executados e relatados com a finalidade de produzir informações sobre questões cujo conhecimento seja suscetível de influenciar as decisões dos usuários previstos.[23] Nessas decisões, vale dizer, incluem-se não somente o julgamento das contas pelo Legislativo, mas, também, as escolhas por ele realizadas no processo de elaboração e aprovação dos orçamentos, bem como as decisões dos cidadãos acerca de seu voto nas eleições seguintes, sobre reconduzir o governante atual ou eleger quem ele apoia para o governo ou puni-lo votando em outro candidato.

Com isso, considerando que – como se destaca na introdução deste ensaio – o principal assunto de 2020 é a pandemia causada pelo coronavírus e tendo em conta o papel fundamental do Estado no seu enfrentamento, tais questões não podem ser deixadas de lado na apreciação das contas dos governantes. Ao contrário, é imprescindível que nos pareceres prévios, e nos relatórios que o acompanham e fundamentam, lhes seja dada importância proporcional à sua relevância para a população e para o Poder Legislativo.

Assim, na apreciação dos balanços gerais referentes ao ano de 2020, tendo em conta a pandemia, devem ser objeto de atenção especial

---

[23] *Vide* ISSAI 100/41 e NBASP 100/41, cf. INTERNATIONAL ORGANIZATION OF SUPREME AUDIT INSTITUTIONS (INTOSAI). The International Standards of Supreme Audit Institutions (ISSAI). INTOSAI Standards. *ISSAI 100*: Fundamental principles of public-sector auditing. Beijing: INTOSAI, 2013. Disponível em: https://www.issai.org/pronouncements/issai-100-fundamental-principles-of-public-sector-auditing/. Acesso em: 27 out. 2020. p. 23; e INSTITUTO RUI BARBOSA (IRB). Normas Brasileiras de Auditoria do Setor Público (NBASP). *NBASP 100*: Princípios fundamentais de auditoria do setor público. Belo Horizonte: IRB, 2017. Disponível em: https://irbcontas.org.br/wp-content/uploads/2020/04/irb-nbasp-nivel2.pdf. Acesso em: 27 out. 2020. p. 33.

– inclusive com a fixação de materialidade específica – as principais contas afetadas pelas ações voltadas ao enfrentamento da emergência na saúde pública e, principalmente no âmbito da União, à amenização de seus efeitos econômicos e sociais. Semelhantemente, na apreciação da execução dos orçamentos, deve ser conferido destaque especial aos resultados das políticas públicas relacionadas ao enfrentamento da situação de calamidade, bem como à conformidade de sua execução orçamentária com as normas aplicáveis. Obviamente, a pandemia prejudicou o cumprimento de objetivos e metas previstos no PPA e de prioridades fixadas na LDO, afinal, o contexto fez com que as prioridades mudassem. Logo, ao avaliar os resultados das políticas públicas e a conformidade com as normas aplicáveis, as cortes de contas devem considerar tanto os obstáculos e as dificuldades reais quanto as alterações nas prioridades impostas pelo contexto de emergência.

Ademais, vale destacar que, tanto na análise da conformidade da execução dos orçamentos, quanto na avaliação das políticas públicas, é importante que as cortes de controle externo aproveitem, na apreciação das contas prestadas pelos chefes de Poder Executivo – e levem para os pareceres prévios –, as informações geradas nas inúmeras ações de controle externo promovidas durante o período crítico de enfrentamento à pandemia, especialmente, nos acompanhamentos. É um esforço que não pode deixar de ser aproveitado.

Portanto, independentemente do direito financeiro emergencial, a pandemia e o seu enfrentamento têm um impacto temático na apreciação, pelos tribunais de contas, das contas prestadas pelos chefes de Poder Executivo, referentes ao exercício de 2020.

Mas, em verdade, a promulgação da EC nº 106/2020 e a aprovação da LC nº 173/2020, somadas ao reconhecimento da ocorrência da situação de calamidade pública pelo Decreto Legislativo nº 6/2020 ampliam a escala desse impacto na apreciação das contas.

Além do temático, há um impacto estrutural, decorrente do artigo 5º, inciso II, da EC nº 106/2020. Ao determinar que as autorizações de despesas relacionadas ao enfrentamento da pandemia e de seus efeitos sociais e econômicos devam ser separadamente avaliadas na prestação de contas do Presidente da República, o dispositivo exige que o Tribunal de Contas da União (TCU), no parecer prévio referente ao exercício de 2020, desagregue parte da análise que seria integrante da apreciação da execução dos orçamentos e emita outra opinião em separado.

Aliás, considerando o entendimento pragmático do Supremo Tribunal Federal (STF), expresso no julgamento da Ação Direta de

Inconstitucionalidade (ADI) nº 6.357[24] – ao referendar medida cautelar proferida pelo Ministro Alexandre de Moraes –, de que a EC nº 106/2020 se aplica aos estados, ao DF e aos municípios, também os tribunais de contas subnacionais, não somente o TCU, devem incluir nos pareceres prévios acerca das contas prestadas por governadores e prefeitos, relativas ao exercício de 2020, a emissão de opinião específica decorrente da avaliação em separado das autorizações de despesas relacionadas ao enfrentamento da pandemia e de seus efeitos sociais e econômicos. Essa é uma providência que atende às necessidades dos usuários previstos, na medida em que lhes permite avaliar separadamente – considerando a realidade adversa e urgente enfrentada pelos governantes – não conformidades que porventura ocorram na execução dessas ações emergenciais.

Em consequência, a conclusão do parecer prévio pela aprovação, aprovação com ressalva ou rejeição das contas apreciadas, referentes ao exercício de 2020, ao invés de derivar somente das duas opiniões acerca da exatidão dos balanços gerais e da conformidade da execução dos orçamentos, deve considerar, também, a opinião em separado sobre as autorizações de despesas relacionadas ao enfrentamento da pandemia e de seus efeitos sociais e econômicos. Portanto, é evidente a alteração requerida na estrutura dos pareceres prévios relativos ao período de duração da situação de calamidade.

Além desse impacto na própria estrutura do parecer prévio, o direito financeiro emergencial limita a incidência de critérios usualmente utilizados na apreciação das contas. Por exemplo, o reconhecimento da ocorrência de calamidade pública pelo Congresso Nacional, realizado por meio do Decreto Legislativo nº 6/2020, suspende tanto a contagem de prazos para recondução aos limites, nos entes que os excederem, da despesa total com pessoal e da dívida consolidada como as restrições decorrentes da inobservância desses limites, conforme artigo 65, inciso I, da LRF. Adicionalmente, o inciso II, desse artigo, dispensa a necessidade de o ente atingir os resultados fiscais definidos na LDO e de seus poderes e órgãos promoverem a limitação de empenho prevista no artigo 9º da LRF.

Noutro exemplo que afeta os critérios aplicáveis à apreciação das contas, o artigo 3º da EC nº 106/2020, combinado com o artigo 3º,

---

[24] BRASIL. Supremo Tribunal Federal. TV Justiça. Seção de julgamento do Plenário, dia 13 de maio de 2020. *Youtube*, 14 maio 2020. Arquivo de vídeo. Disponível em: https://www.youtube.com/watch?v=_xzraTczEEU. Acesso em: 27 out. 2020.

inciso I, da LC nº 173/2020, exclui da incidência dos artigos 14, 16, 17 e 24 da LRF as proposições legislativas e os atos do Poder Executivo cujo propósito exclusivo seja enfrentar a calamidade e suas consequências sociais e econômicas, desde que não impliquem despesa permanente e tenham vigência e efeitos restritos à duração da calamidade. Por sua vez, o artigo 4º da EC nº 106/2020 dispensa o cumprimento da regra de ouro das finanças públicas, prevista no artigo 195, inciso III, da CRFB/1998, que em tempos de normalidade se constitui numa das salvaguardas essenciais à sustentabilidade fiscal.

Outrossim, o artigo 1º, §1º, inciso I, da LC nº 173/2020, permite o refinanciamento de dívidas dos entes subnacionais com a União, algo que, se não existisse o dispositivo excepcional, seria vedado pelo artigo 35 da LRF. De igual modo, o §3º, de seu artigo 4º, dispensa os requisitos para a contratação de operação de crédito e para a concessão de garantia previstos nos artigos 32 e 40 da LRF.

Ademais, considerando conjuntamente o reconhecimento da situação de calamidade de abrangência nacional pelo Decreto Legislativo nº 6/2020, com a inclusão dos parágrafos 1º a 3º, no artigo 65 da LRF, pela LC nº 173/2020, além dos limites, condições e restrições já afastados, neste período, por outras normas do direito financeiro emergencial, removidas estão outras vedações, como à contração de obrigação de despesa que não possa ser cumprida integralmente dentro de 2020 ou que tenha parcelas a serem pagas no exercício seguinte sem que haja suficiente disponibilidade de caixa para este efeito e a utilização de recursos vinculados para atender a objetos diversos daquele ao qual estiverem vinculados, desde que sejam destinados ao combate da calamidade pública.

Desse modo, os exemplos indicados são suficientes para demonstrar a limitação, imposta por normas financeiras emergenciais, a critérios usualmente utilizados na apreciação das contas, referentes ao exercício de 2020, prestadas pelos chefes de Poder Executivo.

Contudo, é importante destacar que o reconhecimento de que o direito financeiro emergencial, voltado ao enfrentamento da pandemia e de seus efeitos econômicos e sociais, restringe a aplicação de diversos critérios, especialmente na apreciação da execução dos orçamentos, não significa que ele afeta todos os critérios aplicáveis nessa apreciação. Mantêm-se inalterados, por exemplo, os critérios constitucionais referentes aos valores mínimos obrigatórios de despesas com manutenção e desenvolvimento do ensino e com ações e serviços públicos de saúde, previstos, respectivamente, nos artigos 212 e 198, parágrafos 2º e 3º, da

CRFB/1988. Noutro exemplo, continuam aplicáveis – e são particularmente relevantes no período – os critérios referentes à utilização de créditos orçamentários, principalmente os extraordinários.

De qualquer modo, com a finalidade de transmitir à sociedade e ao parlamento informações relevantes, é desejável que, na apreciação das contas referentes ao exercício de 2020, os tribunais de contas avaliem a execução dos orçamentos frente, também, aos critérios afastados ou mitigados pelas normas financeiras de emergência, apontem as situações nas quais, em tempos de normalidade, seriam apontadas não conformidades, mas destaquem o afrouxamento das normas decorrente da situação de calamidade pública causada pela pandemia. Obviamente, tais apontamentos não podem ser considerados como fundamento para uma eventual modificação de opinião no parecer prévio.

Por outro lado, o artigo 8º da LC nº 173/2020 estabelece proibições que guarnecem os tribunais de contas com uma série de novos critérios para a apreciação das contas do presidente da República, dos governadores e dos prefeitos, referentes não somente ao exercício de 2020, mas também a 2021. Assim, na apreciação da execução dos orçamentos, devem verificar se o ente: concedeu vantagem, aumento, reajuste ou adequação de remuneração a agentes públicos, fora das exceções previstas no inciso I; criou cargo, emprego ou função ou alterou estrutura de carreira que implique aumento de despesa, salvo para combate à calamidade pública, com vigência e efeitos restritos à sua duração; admitiu ou contratou pessoal que não seja exclusivamente para o enfrentamento da calamidade pública, em hipóteses não excepcionadas no inciso IV; realizou concurso para casos não previstos nas exceções arroladas no inciso V; criou ou majorou auxílios, vantagens, bônus, abonos, verbas de representação ou benefícios de qualquer natureza, em favor de agentes públicos ou de seus dependentes, fora das exceções indicadas no inciso VI; criou despesa obrigatória de caráter continuado, que não seja para o combate à calamidade ou cuja vigência ou efeitos ultrapasse a sua duração, sem prévia compensação mediante aumento de receita ou redução de despesa; adotou medida que implique reajuste de despesa obrigatória acima da variação da inflação, exceto para a preservação do poder aquisitivo do salário mínimo; ou considerou como período aquisitivo, para a concessão de direitos que aumentem as despesas com pessoal em decorrência da aquisição de determinado tempo de serviço, o tempo decorrido a partir da aprovação da LC nº 173/2020.

Assim, o direito financeiro emergencial tem impacto na apreciação das contas dos governantes, referentes ao exercício de 2020, não somente porque limita a aplicação de critérios que seriam nela utilizados se não fosse pela pandemia, como porque prevê novos critérios cuja verificação deve ser nela realizada.

4 Conclusões

Pelo exposto, apesar da pandemia, permanece, em relação ao exercício de 2020, a obrigação dos chefes de Poder Executivo prestarem suas contas e vale a sistemática constitucional ordinária, segundo a qual tais contas devem ser apreciadas pelos tribunais de contas, com a emissão de parecer prévio, e julgadas pelo Poder Legislativo. Não há qualquer norma no direito financeiro emergencial que os exima desta obrigação.

Não obstante, em conjunto, a pandemia, o reconhecimento da situação de calamidade pública de abrangência nacional, pelo Decreto Legislativo nº 6/2020, a promulgação da Emenda Constitucional nº 106/2020 e a aprovação da Lei Complementar nº 173/2020, afetam a apreciação, a ser realizada pelos tribunais de contas brasileiros, das contas, referentes ao exercício de 2020, prestadas pelo presidente da República, pelos governadores de estado e do Distrito Federal e pelos prefeitos municipais. Como demonstrado, esse impacto ocorre sob três aspectos: temático, estrutural e dos critérios.

Sob o aspecto temático, na medida em que a apreciação das contas dos governantes deve gerar informações relevantes para a sociedade e para o parlamento, os pareceres prévios, referentes ao exercício de 2020, devem dar grande destaque à pandemia causada pelo coronavírus e às ações estatais voltadas tanto ao seu enfrentamento quanto à amenização de seus efeitos econômicos e sociais. Tal destaque deve refletir na atenção dada, na apreciação dos balanços gerais, às principais contas contábeis afetadas por tais ações e, na apreciação da execução dos orçamentos, aos resultados das políticas públicas nelas envolvidas. Veja que tal impacto temático ocorre independentemente do direito financeiro emergencial.

Do ponto de vista estrutural, o impacto se refere à necessidade tanto do TCU como dos tribunais de contas subnacionais – tendo em conta o entendimento pragmático do STF, no julgamento da ADI nº 6.357, sobre a aplicação do regime extraordinário fiscal, financeiro e de contratações a estados, DF e municípios – avaliarem separadamente as autorizações de despesas relacionadas ao enfrentamento da pandemia e de seus efeitos sociais e econômicos e incluírem, nos pareceres prévios acerca das contas prestadas pelos chefes de Poder Executivo, relativas ao exercício de 2020, a emissão de opinião específica decorrente dessa avaliação, como exige o artigo 5º, inciso II, da EC nº 106/2020. Afeta a própria formação da conclusão do parecer prévio pela aprovação, aprovação com ressalva ou rejeição das contas apreciadas, que, nesse exercício, ao invés de derivar somente das duas opiniões acerca da exatidão dos balanços gerais e da conformidade da execução dos orçamentos, deve considerar, também, a opinião em separado sobre as autorizações de despesas relacionadas ao enfrentamento da pandemia e de seus efeitos sociais e econômicos.

Finalmente, o direito financeiro emergencial impacta os critérios a serem utilizados na apreciação das contas do presidente, dos governadores e prefeitos, referentes ao exercício de 2020, na medida em que, por um lado, limita a aplicação de critérios que seriam nela utilizados em situações de normalidade e, por outro lado, prevê novos critérios cuja verificação deve ser nela efetuada.

Portanto, para exercer adequadamente a sua competência prevista no artigo 71, inciso I, da CRFB/1988, os tribunais de contas precisam perceber que a apreciação das contas prestadas pelos chefes de Poder Executivo, referentes ao exercício de 2020, não pode ser realizada como seria num ano qualquer. Eles devem atentar para as necessárias alterações, provocadas pelo direito financeiro emergencial. Caso contrário, os pareceres prévios não serão relevantes, nem para o Poder Legislativo, nem para a sociedade.

Referências

ARANTES, Rogério Bastos; ABRUCIO, Fernando Luiz; TEIXEIRA, Marco Antonio Carvalho. A imagem dos tribunais de contas subnacionais. *Revista do Serviço Público*, Brasília, v. 56, n. 1, p. 57-83, 2005.

BALEEIRO, Aliomar. O tribunal de contas e o controle da execução orçamentária. *Revista de Direito Administrativo*, Rio de Janeiro, v. 31, p. 10-22, 1953.

BRASIL. Congresso Nacional. Decreto Legislativo nº 6, de 2020. Reconhece, para os fins do art. 65 da Lei Complementar nº 101, de 4 de maio de 2000, a ocorrência do estado de calamidade pública, nos termos da solicitação do Presidente da República encaminhada por meio da Mensagem nº 93, de 18 de março de 2020. *Diário Oficial da União*, Brasília, a. CLVIII, n. 55-C, Seção 1, p. 1, 20 mar. 2020. Disponível em: https://pesquisa.in.gov.br/imprensa/jsp/visualiza/index.jsp?jornal=602&pagina=1&data=20/0.

BRASIL. Emenda Constitucional nº 106, de 7 de maio de 2020. Institui regime extraordinário fiscal, financeiro e de contratações para enfrentamento de calamidade pública nacional decorrente de pandemia. *Diário Oficial da União*, Brasília, a. CLVIII, n. 87, Seção 1, p. 1-2, 8 maio. 2020. Disponível em: https://pesquisa.in.gov.br/imprensa/jsp/

visualiza/index.jsp?data=08/05/2020&jornal=515&pagina=2&totalArquivos=222. Acesso em: 23 out. 2020.

BRASIL. Lei Complementar nº 173, de 27 de maio de 2020. Estabelece o Programa Federativo de Enfrentamento ao Coronavírus SARS-CoV-2 (Covid-19), altera a Lei Complementar nº 101, de 4 de maio de 2000, e dá outras providências. *Diário Oficial da União*, Brasília, a. CLVIII, n. 101, Seção 1, p. 4-6, 28 maio 2020. Disponível em: https://pesquisa.in.gov.br/imprensa/jsp/visualiza/index.jsp?data=28/05/2020&jornal=515&pagina=4&totalArquivos=154. Acesso em: 23 out. 2020.

BRASIL. Lei nº 13.979, de 6 de fevereiro de 2020. Dispõe sobre as medidas para enfrentamento da emergência de saúde pública de importância internacional decorrente do coronavírus responsável pelo surto de 2019. *Diário Oficial da União*, Brasília, a. CLVIII, n. 27, Seção 1, p. 1, 7 fev. 2020. Disponível em: https://pesquisa.in.gov.br/imprensa/jsp/visualiza/index.jsp?data=07/02/2020&jornal=515&pagina=1&totalArquivos=77. Acesso em: 23 out. 2020.

BRASIL. Lei nº 13.982, de 2 de abril de 2020. Altera a Lei n. 8.742, de 7 de dezembro de 1993, para dispor sobre parâmetros adicionais de caracterização da situação de vulnerabilidade social para fins de elegibilidade ao benefício de prestação continuada (BPC), e estabelece medidas excepcionais de proteção social a serem adotadas durante o período de enfrentamento da emergência de saúde pública de importância internacional decorrente do coronavírus (Covid-19) responsável pelo surto de 2019, a que se refere a Lei nº 13.979, de 6 de fevereiro de 2020. *Diário Oficial da União*, Brasília, a. CLVIII, n. 64-A, Seção 1, p. 1-2, 2 abr. 2020. Disponível em: https://pesquisa.in.gov.br/imprensa/jsp/visualiza/index.jsp?data=02/04/2020&jornal=600&pagina=2&totalArquivos=4. Acesso em: 23 out. 2020.

BRASIL. Medida Provisória nº 924, de 13 de março de 2020. Abre crédito extraordinário, em favor dos Ministérios da Educação e da Saúde, no valor de R$ 5.099.795.979,00, para os fins que especifica. *Diário Oficial da União*, Brasília, a. CLVIII, n. 50-B, Seção 1, p. 1, 13 mar. 2020. Disponível em: https://pesquisa.in.gov.br/imprensa/jsp/visualiza/index.jsp?jornal=601&pagina=1&data=13/03/2020&totalArquivos=2. Acesso em: 23 out. 2020.

BRASIL. Medida Provisória nº 935, de 1º de abril de 2020. Abre crédito extraordinário, em favor do Ministério da Economia, no valor de R$ 51.641.629.500,00, para os fins que especifica. *Diário Oficial da União*, Brasília, a. CLVIII, n. 63-D, Seção 1, p. 1, 1 abr. 2020. Disponível em: https://pesquisa.in.gov.br/imprensa/jsp/visualiza/index.jsp?jornal=603&pagina=1&data=01/04/2020&totalArquivos=4. Acesso em: 23 out. 2020.

BRASIL. Medida Provisória nº 936, de 1º de abril de 2020. Institui o Programa Emergencial de Manutenção do Emprego e da Renda e dispõe sobre medidas trabalhistas complementares para enfrentamento do estado de calamidade pública reconhecido pelo Decreto Legislativo nº 6, de 20 de março de 2020, e da emergência de saúde pública de importância internacional decorrente do coronavírus (covid-19), de que trata a Lei nº 13.979, de 6 de fevereiro de 2020, e dá outras providências. *Diário Oficial da União*, Brasília, a. CLVIII, n. 63-D, Seção 1, p. 1-3, 1 abr. 2020. Disponível em: https://pesquisa.in.gov.br/imprensa/jsp/visualiza/index.jsp?jornal=603&pagina=1&data=01/04/2020&totalArquivos=4. Acesso em: 23 out. 2020.

BRASIL. Medida Provisória nº 937, de 2 de abril de 2020. Abre crédito extraordinário, em favor do Ministério da Cidadania, no valor de R$ 98.200.000.000,00, para os fins que especifica. *Diário Oficial da União*, Brasília, a. CLVIII, n. 64-A, Seção 1, p. 2, 2 abr. 2020. Disponível em: https://pesquisa.in.gov.br/imprensa/jsp/visualiza/index.jsp?data=02/04/2020&jornal=600&pagina=2&totalArquivos=4. Acesso em: 23 out. 2020.

BRASIL. Medida Provisória nº 938, de 2 de abril de 2020. Dispõe sobre a prestação de apoio financeiro pela União aos entes federativos que recebem recursos do Fundo de Participação dos Estados - FPE e do Fundo de Participação dos Municípios - FPM, com o objetivo de mitigar as dificuldades financeiras decorrentes do estado de calamidade pública reconhecido pelo Decreto Legislativo nº 6, de 20 de março de 2020, e da emergência de saúde pública de importância internacional decorrente do coronavírus (covid-19). *Diário Oficial da União*, Brasília, a. CLVIII, n. 64-B, Seção 1, p. 1, 2 abr. 2020. Disponível em: https://pesquisa.in.gov.br/imprensa/jsp/visualiza/index.jsp?jornal=601&pagina=1&data=02/04/2020&totalArquivos=28. Acesso em: 23 out. 2020.

BRASIL. Medida Provisória nº 939, de 2 de abril de 2020. Abre crédito extraordinário, em favor de Transferências a Estados, Distrito Federal e Municípios, no valor de R$ 16.000.000.000,00, para os fins que especifica. *Diário Oficial da União*, Brasília, a. CLVIII, n. 64-B, Seção 1, p. 1, 2 abr. 2020. Disponível em: https://pesquisa.in.gov.br/imprensa/jsp/visualiza/index.jsp?jornal=601&pagina=1&data=02/04/2020&totalArquivos=28. Acesso em: 23 out. 2020.

BRASIL. Ministério da Saúde. Portaria nº 188, de 3 de fevereiro de 2020. Declara Emergência em Saúde Pública de importância Nacional (ESPIN) em decorrência da Infecção Humana pelo novo Coronavírus (2019-nCoV). *Diário Oficial da União*, Brasília, a. CLVIII, n. 24-A, Seção 1, p. 1, 4 fev. 2020. Disponível em: https://pesquisa.in.gov.br/imprensa/jsp/visualiza/index.jsp?jornal=600&pagina=1&data=04/02/2020&totalArquivos=1. Acesso em: 23 out. 2020.

BRASIL. Presidente da República. Mensagem nº 28, de 4 de fevereiro de 2020. Encaminhamento ao Congresso Nacional do texto do projeto de lei que "Dispõe sobre as medidas sanitárias para enfrentamento da emergência de saúde pública de importância internacional decorrente do coronavírus". *Diário Oficial da União*, Brasília, a. CLVIII, n. 24-A, Seção 1, p. 1, 4 fev. 2020. Disponível em: https://pesquisa.in.gov.br/imprensa/jsp/visualiza/index.jsp?jornal=600&pagina=1&data=04/02/2020&totalArquivos=1. Acesso em: 23 out. 2020.

BRASIL. Supremo Tribunal Federal. TV Justiça. Seção de julgamento do Plenário, dia 13 de maio de 2020. *Youtube*, 14 maio 2020. Arquivo de vídeo. Disponível em: https://www.youtube.com/watch?v=_xzraTczEEU. Acesso em: 27 out. 2020.

BRASIL. Tribunal de Contas da União. *Relatório e parecer prévio sobre as contas do presidente da República*: exercício de 2018. Relator: Ministra Ana Arraes. Plenário, Brasília, 12 de junho de 2019. Disponível em: https://portal.tcu.gov.br/contas-do-governo/index.html. Acesso em: 6 nov. 2019.

CAMARGO, João Batista (Coord.). *Contas governamentais e responsabilidade fiscal.* Belo Horizonte: Fórum, 2017. p. 17-18.

FERREIRA, Cláudio. *O julgamento das contas públicas e o sistema de controle parlamentar do Governo na Constituição brasileira de 1988.* 2011. 161 f. Dissertação (Mestrado em Direito) – Departamento de Direito do Estado, Faculdade de Direito, Universidade de São Paulo, São Paulo, 2011.

INSTITUTO RUI BARBOSA (IRB). Normas Brasileiras de Auditoria do Setor Público (NBASP). *NBASP 100*: Princípios fundamentais de auditoria do setor público. Belo Horizonte: IRB, 2017. Disponível em: https://irbcontas.org.br/wp-content/uploads/2020/04/irb-nbasp-nivel2.pdf. Acesso em: 27 out. 2020.

INTERNATIONAL ORGANIZATION OF SUPREME AUDIT INSTITUTIONS (INTOSAI). The International Standards of Supreme Audit Institutions (ISSAI). INTOSAI Standards.

ISSAI 100: Fundamental principles of public-sector auditing. Beijing: INTOSAI, 2013. Disponível em: https://www.issai.org/pronouncements/issai-100-fundamental-principles-of-public-sector-auditing/. Acesso em: 27 out. 2020.

MENEZES, Monique. La expansión del control externo en Brasil: el Tribunal de Cuentas de La Unión. *Desacatos*, Ciudad de México, n. 49, p. 64-81, 2015.

MOUTINHO, Donato Volkers. *Contas dos governantes*: apreciação das contas dos chefes de Poder Executivo pelos tribunais de contas do Brasil. São Paulo: Blucher, 2020.

NAGATA, Bruno Mitsuo. Fiscalização financeira quanto à legitimidade. 2012. 237 f. Dissertação (Mestrado em Direito) – Departamento de Direito Econômico, Financeiro e Tributário, Faculdade de Direito, Universidade de São Paulo, São Paulo, 2012.

NARDES, João Augusto Ribeiro. Contas de governo de 2014 – Um marco nos 15 anos da LRF. *Revista Técnica dos Tribunais de Contas – RTTC*, Belo Horizonte, a. 3, n. 1, p. 121-140, dez. 2016. Disponível em: http://www.bidforum.com.br/bid/PDI0006. aspx?pdiCntd=246709. Acesso em: 9 out. 2019.

OLIVEIRA, Weder de. Precisamos falar sobre contas... uma nova perspectiva sobre a apreciação das contas anuais do Presidente da República pelo Congresso Nacional mediante parecer prévio do Tribunal de Contas da União. In: LIMA, Luiz Henrique; OLIVEIRA, Weder de; PESSANHA, Charles. Controle externo: a função esquecida do legislativo no Brasil. *In*: SCHWARTZMAN, Luisa Farah; SCHWARTZMAN, Isabel Farah; SCHWARTZMAN, Felipe Farah; SCHWARTZMAN, Michel Lent (Org.). *O sociólogo e as políticas públicas*. Rio de Janeiro: Fundação Getúlio Vargas, 2009.

SCAFF, Luma Cavaleiro de Macêdo; GUIMARÃES, Arthur Porto Reis. A missão do "Direito Financeiro de guerra" na luta contra a Covid-19. *Conjur*, São Paulo, 8 jul. 2020. Disponível em: https://www.conjur.com.br/2020-jul-08/scaff-guimaraes-direito-financeiro-guerra-covid-19. Acesso em: 27 out. 2020.

SOUZA, Luciano Brandão Alves de. A Constituição de 1988 e o Tribunal de Contas da União. *Revista de Informação Legislativa*, Brasília, v. 26, n. 102, p. 173-184, abr./jun. 1989.

WU, Fan *et al*. A new coronavirus associated with human respiratory disease in China, *Nature*, 3 feb. 2020. Disponível em: https://doi.org/10.1038/s41586-020-2008-3. Acesso em: 23 out. 2020.

ZHOU, Peng *et al*. A pneumonia outbreak associated with a new coronavirus of probable bat origin, *Nature*, 3 feb. 2020. Disponível em: https://doi.org/10.1038/s41586-020-2012-7. Acesso em: 23 out. 2020.

Informação bibliográfica deste texto, conforme a NBR 6023:2018 da Associação Brasileira de Normas Técnicas (ABNT):

MOUTINHO, Donato Volkers. Impacto da pandemia e do direito financeiro emergencial na apreciação das contas dos chefes de Poder Executivo. *In*: CAVALCANTE, Crislayne; RODRIGUES, Leandro Menezes (Coord.). *A Lei Complementar nº 173/2020 e seus desafios*. Belo Horizonte: Fórum, 2021. p. 81-99. ISBN: 978-65-5518-315-3.

ATUAÇÃO DOS TRIBUNAIS DE CONTAS NAS CONTAS DO CHEFE DO PODER EXECUTIVO: BREVE ENSAIO SOBRE OS REFLEXOS DA LEI COMPLEMENTAR Nº 173/2020

MILENE DIAS DA CUNHA

A Lei Complementar nº 173/2020 pode ser dividida em 2 momentos: uma parte temporária, em que traz providências a serem adotadas até esgotar o prazo de vigência do decreto de calamidade pública e outra parte permanente, que trouxe alterações definitivas na Lei de Responsabilidade Fiscal. O presente ensaio, feito a partir da participação no Ciclo de Debates sobre a LC nº 173/2020, promovido pelo Instituto Rui Barbosa e o Tribunal de Contas do Estado do Rio Grande do Sul, na data de 11 de setembro de 2020, tem como objetivo trazer ponderações sobre os reflexos da nova lei na apreciação das contas do Chefe do Poder Executivo pelos tribunais de contas que culminará nas informações constantes nos seus pareceres prévios.

Os pareceres prévios emitidos pelos tribunais de contas buscam demonstrar o desempenho do Chefe do Poder Executivo no planejar e cumprir dos orçamentos. Tornam-se, assim, importantes fontes para aferição da legitimidade da representação no exercício do mandato do eleito, principalmente por serem instrumentos contramajoritários do regime democrático brasileiro.

É certo que o regime democrático se baseia na prevalência da vontade da maioria até para que se valorize o interesse geral e também sejam assegurados os direitos fundamentais. Porém, não é possível tratar democracia e maioria como expressões sinônimas, nem reduzir o conceito de democracia à regra da maioria, mesmo porque a maioria é verificada no momento do sufrágio, na escolha dos representantes.

Quando do exercício do poder outorgado, esta maioria se torna ausente, já que, encerrada a eleição, apenas aquele grupo que foi eleito passa, em nome da coletividade e em nome do mandato que lhe foi conferido, a representar os interesses desses mandantes, que seria a vontade do povo, exercendo com total autonomia esse mister.

Por sua vez, os tribunais de contas são órgãos autônomos de controle, que não têm seus representantes eleitos pelo povo, mas sim por regras instituídas pela Constituição Federal, para assegurar o bom uso das verbas públicas em prol da sociedade. Ao não possuir seus integrantes escolhidos pela maioria e exercer o controle dos atos dos governantes, dizemos que os tribunais de contas atuam de modo contramajoritário, pois exercem a fiscalização e empreendem uma limitação aos agentes políticos, para que não violem norma constitucional ou legal e possam atuar dentro de limites que regem a sua atuação. Assim operando, tem-se uma instituição assecuratória não só da maioria mas também da minoria vencida e da própria democracia, vez que passa a proteger e corrigir imperfeições do próprio regime democrático representativo majoritário, constituindo-se, na verdade, como uma condição da existência da própria democracia.

O constituinte, quando definiu a atuação dos tribunais de contas na emissão dos pareceres prévios para subsidiar o julgamento das contas do Chefe do Poder Executivo pelo Poder Legislativo, traz dois mecanismos para a concretização dessa avaliação: um de ordem majoritária, uma vez que julgado pelo Parlamento, constituído por representantes eleitos e que representam a vontade do povo, e outro de ordem contramajoritária, que são os pareceres emitidos pelos tribunais de contas, com base em posição técnico-profissional em relação às normas legais e constitucionais que regem a atuação do mandatário, contribuindo, dessa maneira, para que o julgamento pelo Legislativo não tenha um cunho exclusivamente político.

Nesse sentido, os pareceres prévios são instrumentos de *accountability* com dupla função: informar à sociedade dos resultados e do desempenho do Governante e permitir a correção ou sanção de irregularidades verificadas na aplicação dos recursos públicos, contribuindo para que o Governante atue com responsividade em sua função, ou seja, adote um comportamento voltado a dar respostas, a solucionar e a tomar a responsabilidade para si de questões de interesse da coletividade. A Figura 1 a seguir representa essa dinâmica.

Figura 1 – Contas de Governo

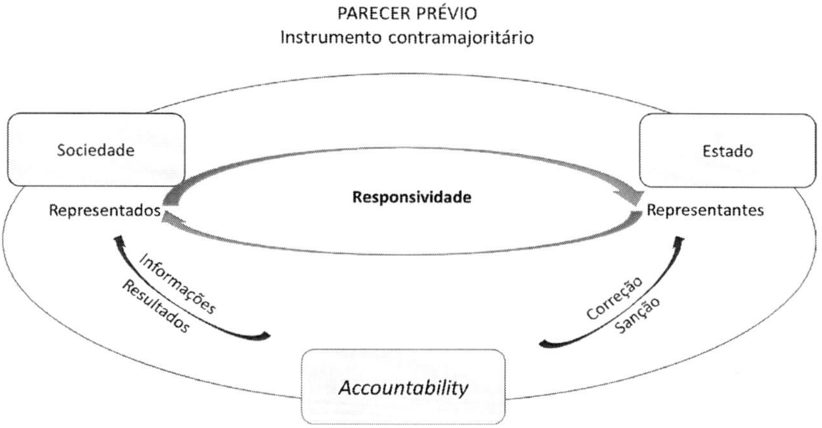

Fonte: Do autor, 2020.

Ademais, os pareceres prévios destacam-se como um instrumento de maior proximidade e comunicação com a sociedade e com os agentes que avaliam as decisões políticas adotadas em determinado exercício financeiro, a concepção de programas governamentais, a realização de políticas públicas e como os recursos públicos foram arrecadados e aplicados no desempenho dessas missões.

Diante da relevância dos pareceres prévios, tem-se buscado uma maior uniformidade dos ritos procedimentais e das informações constantes nesses instrumentos por parte dos tribunais de contas, tendo em vista que ainda há muitas assimetrias, conforme levantamento realizado (CNPTC, 2020). Devido às assimetrias, foi instituída, por meio da Portaria nº 17/2019 (ATRICON, 2020a), uma Comissão Interinstitucional da Associação Nacional dos Ministros e Conselheiros-Substitutos dos Tribunais de Contas (AUDICON), da Associação Nacional dos Membros dos Tribunais de Contas do Brasil (ATRICON), da Associação Brasileira de Tribunais de Contas dos Municípios (ABRACOM) e do Instituto Rui Barbosa (IRB), que criou um grupo de trabalho para tratar sobre contas do Chefe do Poder Executivo, cujo objetivo é editar diretrizes que possam conferir mais harmonia na atuação e emissão de pareceres prévios, subsidiando a análise pelo Poder Legislativo das decisões políticas ao longo daquele exercício.

É preciso considerar também que a tempestividade na emissão dos pareceres prévios é um aspecto importante para que o Poder Legislativo possa, em tempo hábil, promover as medidas corretivas e preventivas necessárias nas peças orçamentárias do próximo exercício, especialmente diante dessa perspectiva trazida pela Lei Complementar nº 173/2020, que envolve um regime de excepcionalidade ao tratar da aplicação de recursos públicos.

A partir de 2021, os pareceres prévios deverão trazer informações atinentes à referida lei complementar. A estrutura do parecer prévio deve conter tanto as informações que impactarão na confiabilidade dos dados dos balanços e demonstrativos contábeis, fiscais e patrimoniais como deve segregar as ações orçamentárias e governamentais realizadas com os recursos aplicados no enfrentamento da pandemia.

A suspensão da execução de garantias no período de 01.03.2020 a 31.12.2020 (art. 3º) e dos pagamentos devidos no exercício de 2020 (art. 4º), bem como a securitização dos contratos de dívidas dos entes, garantidos pela Secretária do Tesouro Nacional (STN), com data de contratação anterior a 01.03.2020 (art. 6º) devem, por exemplo, estar devidamente registrados nos respectivos demonstrativos. No mesmo sentido, embora a Lei Complementar nº 173/2020 traga alguns dispositivos como a suspensão dos limites com despesa de pessoal, operações de crédito e limites relacionados à dívida pública, isso não significa necessariamente que, ao analisar as contas de governo e emitir o parecer prévio, os tribunais de contas estejam eximidos de proceder à devida análise e contabilização de como se comportou a despesa no período até para que seja demonstrado, comparativamente, como esse momento de excepcionalidade de fato repercutiu nas contas do Chefe do Poder Executivo.

O art. 7º da referida Lei Complementar trouxe dois dispositivos permanentes para a Lei de Responsabilidade Fiscal (LRF): o que altera o art. 21, para definir hipóteses de nulidade de determinados atos de aumento de despesa de pessoal, e o que altera o art. 65, que cria regras específicas para situação de calamidade pública.

A primeira alteração reorganiza o art. 21 da LRF e traz duas novas vedações para o aumento da despesa de pessoal: a) a previsão de implementação de parcelas em períodos posteriores ao mandato do titular de Poder ou órgão; e b) a aprovação, a edição ou a sanção de qualquer norma legal contendo plano de alteração, reajuste e reestruturação de carreiras do setor público, quando resultar em aumento da despesa com pessoal nos 180 dias anteriores ao final do mandato do titular do Poder Executivo ou, ainda, resultar em aumento que preveja parcelas a serem implementadas em períodos posteriores ao final do seu mandato. Note que a LRF passa a exigir uma responsabilidade conjunta dos demais Poderes ou órgãos com os gastos que, no fim das contas, sobrecarregam o mandato do Poder Executivo. Nessa seara, a análise da execução orçamentária quanto a despesa de pessoal deve passar a contemplar tais questões.

Já a segunda alteração traz hipóteses de dispensa dos limites, condições, vedações e sanções da LRF quando presente situação de calamidade pública reconhecida pelo Congresso Nacional em parte ou na integralidade do território nacional. Até então, a lei permitia a suspensão apenas da contagem dos prazos e das disposições estabelecidas para recondução dos limites da despesa de pessoal e da dívida consolidada, bem como dispensava o atingimento dos resultados fiscais e a limitação de empenho em caso de frustação na arrecadação de receitas. Entretanto, é importante observar que a ampliação da flexibilização da LRF trazida pela novel lei somente pode ser feita se preenchidos dois requisitos: a) que a situação de calamidade pública ocorra na integralidade ou em parte do território nacional; e b) haja decreto legislativo editado pelo Congresso Nacional reconhecendo tal situação.

Assim, embora ocorra uma suspensão dos limites e outros casos específicos da despesa de pessoal no período de pandemia, isso não significa que possa ser dispensada a fiscalização e controle sobre o comportamento da despesa, ao contrário, é nessas circunstâncias que o controle se faz mais necessário, pois passado o período de excepcionalidade, é preciso promover a recondução dos limites dentro da máxima da transparência e efetividade, como determinado pela lei.

Por essa razão, no plano de fiscalização do tribunal de contas, em especial até o final do exercício de 2021, deve haver previsão de acompanhamentos concomitantes da execução do orçamento, efetuando a análise: a) dos instrumentos de planejamento orçamentário (metas fiscais na LDO de 2021); b) do comportamento da despesa de pessoal (art. 8º), das despesas obrigatórias de caráter continuado e despesa no exercício; c) dos limites de despesa de pessoal, da dívida pública, das operações de crédito etc.; d) do desempenho da arrecadação; e d) da efetivação da transparência pelo ente (BRASIL, 2020a).

Também merece destaque a questão da suspensão dos pagamentos dos refinanciamentos de dívidas dos municípios com a previdência social com vencimento entre 01.03 e 31.12.2020 e do recolhimento das contribuições patronais dos municípios devidas ao regime próprio de previdência social desde que autorizada por lei municipal específica (art. 9º) (BRASIL, 2020a). Os tribunais de contas devem verificar a correta alocação das dívidas pelos municípios conforme orientação dada através da Nota Técnica SEI nº 25948/2020/ME emitida pela Secretaria do Tesouro Nacional, assim como analisar o comportamento da dívida pública registrada nos demonstrativos.

Importante anotar que a possibilidade que a lei traz para que as contribuições patronais fiquem suspensas (art. 9º, §2º) só é válida para os casos em que realmente se justifique o direcionamento daqueles recursos para o combate da calamidade, devendo ser feita a verificação da motivação da Lei Municipal que autorize essa suspensão ou o possível parcelamento que ela possa instituir, avaliando se essa suspensão de fato é necessária e se o sistema do regime próprio de previdência da municipalidade não está, de certa forma, contemplado por outros meios. Todo esse juízo de valor precisa ser efetuado, ponderando e demonstrando o cumprimento ou não do dispositivo que a Lei Complementar prevê.

Outro aspecto importante a ser aferido diz respeito ao art. 5º da referida Lei Complementar, que estabelece um auxílio da União por meio da transferência de recursos tanto para o enfrentamento da Covid-19 (art. 5º, inciso I), quanto para fazer frente a possíveis quedas de arrecadação do ente (art. 5º, inciso II).

No parecer prévio devem constar informações que permitam demonstrar não só, se na composição da receita do Ente, o repasse foi realizado, conforme dispõe a lei complementar, mas também o resultado do acompanhamento do desempenho da arrecadação daquele ente, aferindo-se o impacto da transferência efetuada nas ações de enfrentamento da pandemia e os efeitos da pandemia no desempenho da arrecadação. Para tanto, deve-se fazer o registro devido da transferência e das despesas, seguindo as orientações da Nota Técnica nº 12774 do Ministério da Economia (BRASIL, 2020b) e Portaria STN nº 394/2020 (BRASIL, 2020c), de modo que as receitas vinculadas sejam controladas através de fontes de recursos estabelecidas, permitindo-se avaliar o nexo de causalidade em relação ao inciso I do art. 5º, que exige o direcionamento daquele recurso exclusivamente para ações de enfrentamento e combate da Covid-19. Por isso, a Secretaria do Tesouro Nacional recomenda que seja criado programa ou ação orçamentária específica para as despesas relacionadas à Covid-19, facilitando, assim, tanto a gestão dos recursos como a futura prestação de contas.

Embora a Lei não traga vinculação expressa, é importante que também em relação ao inciso II do art. 5º se verifique uma real queda na arrecadação, uma vez que o objetivo da referida transferência é justamente cobrir uma possível diminuição de receitas. Portanto, é preciso apurar se, de fato, houve uma queda de arrecadação e em que montante ocorreu, para que se tenha um juízo mais qualitativo das decisões políticas que foram adotadas em face desse aporte financeiro da União. Tal análise se mostra necessária para uma melhor baliza da qualidade do pacto federativo, ou, em outras palavras, do juízo quanto à necessidade de "socorro" da União aos demais Entes da federação, permitindo que essas medidas possam ser melhor valoradas e avaliadas posteriormente, quando passado o momento de excepcionalidade.

Outros reflexos do art. 5º se verificarão na análise do cálculo da receita corrente líquida, que serve de parâmetro para avaliação do montante da reserva de contingência e para os limites da despesa total com pessoal, da dívida consolidada líquida, das operações de crédito, do serviço da dívida, das operações de crédito por antecipação de receita orçamentária e das garantias do ente da Federação. Há ainda o exame da incidência do Pasep, com a alíquota mensal de 1% sobre o valor das receitas correntes arrecadadas e das transferências correntes e de capital recebidas por pessoas jurídicas de direito público. Registre-se, ainda, que as transferências da União não integram as bases de cálculo para retenções do FUNDEB e nem a base de cálculo para aplicação mínima em educação e saúde.

Por isso é importante que as informações específicas sobre os recursos e as despesas referentes à Covid-19 e às transferências da União estejam, de forma destacada ou em campos próprios. Essa segregação é deveras importante, visto que as análises dos exercícios de 2020 e 2021 serão diferenciadas, não podendo deixarem de ser, contudo, devidamente pontuadas e controladas, até mesmo para subsidiar de modo tempestivo o Poder Legislativo na análise das contas, com base nas normas vigentes e com os critérios específicos do período avaliado.

Quanto à competência para fiscalização dos recursos transferidos, a Nota Técnica ATRICON nº 03/2020 (ATRICON, 2020b) orienta que cabe ao Tribunal de Contas da União fiscalizar os cálculos da Secretaria do Tesouro Nacional e assegurar que os repasses sejam feitos nas datas e valores previstos, bem como apreciar eventuais recursos de entes subnacionais quanto aos valores recebidos; e aos demais tribunais de contas, nas suas respectivas jurisdições, fiscalizar a aplicação dos recursos recebidos pelos entes jurisdicionados.

Os fundamentos para a competência dos Tribunais de Contas estaduais, municipais e distrital são a autonomia financeira e administrativa dos entes federativos, de índole constitucional, e o regime de caixa: quando o recurso ingressa, em caráter definitivo, nos cofres das esferas de governo, nasce a competência dos respectivos Tribunais de Contas. De fato, não se pode dar aos recursos transferidos conforme a Lei Complementar nº 173/2020 o mesmo tratamento conferido às transferências voluntárias da União a outros entes, como na celebração de convênios. No caso do auxílio-financeiro da referida Lei Complementar, trata-se de uma transferência legal obrigatória. Uma vez repassados, os recursos são incorporados ao patrimônio dos entes subnacionais, devendo ser objeto de registro na sua receita como transferências correntes e inseridos na programação orçamentária mediante a abertura de créditos adicionais. Conforme a referida Nota Técnica, a previsão de que o auxílio deve ser depositado nas mesmas contas bancárias utilizadas para os repasses do FPE e do FPM, conforme disposto no §6º do art. 5º da Lei Complementar nº 173/2020, confirma a natureza dessa transferência, uma vez que para as transferências voluntárias exige-se a abertura de uma conta bancária específica para cada instrumento.

A despeito do entendimento constante da referida Nota Técnica, o qual se mostra mais acertado, a Secretaria de Macroavaliação Governamental (SEMAG) do TCU apresentou uma representação argumentando que as ajudas emergenciais do governo federal a Estados e Municípios durante a pandemia da Covid-19 devem ser contabilizadas como despesas da União, e não como transferências aos entes. A SEMAG defende a competência do TCU e de outros órgãos federais para a fiscalização da aplicação desses recursos e considera que esses gastos não poderiam ser deduzidos do cálculo da Receita Corrente Líquida (RCL) do Governo Central em 2020 e deveriam ser fiscalizados por órgãos federais, como o próprio TCU. Após a representação da área técnica, o Ministro Bruno Dantas determinou que o Ministério da Economia, da Procuradoria-Geral da Fazenda Nacional (PGFN), da Advocacia-Geral da União (AGU) e da Controladoria-Geral da União (CGU) se manifestem sobre o tema, o que ainda não ocorreu.

Feitas essas considerações sobre os dispositivos da referida lei complementar que podem refletir na apreciação dos balanços gerais, na apreciação da execução orçamentária, financeira e fiscal, convém apontar, por fim, os reflexos da lei na avaliação do resultado do desempenho do governante e nas informações gerais dos pareceres prévios relacionadas ao desenvolvimento econômico e social do ente avaliado nas contas do Chefe do Poder Executivo.

Em regra, quanto ao resultado do desempenho do governante, o Tribunal de Contas da União e alguns tribunais de contas costumam eleger, a cada exercício, áreas temáticas que foram objeto de auditorias operacionais ou de uma fiscalização específica em determinada política pública, a fim de apresentar dados relacionados à efetividade de determinado programa governamental. Já nas informações gerais relacionadas ao desenvolvimento econômico e social é possível extrair dados referentes ao nível de emprego, renda, indicadores de educação, saúde etc.

Nesse aspecto, interessante observar que o §8º do art. 5º da Lei Complementar nº 173/2020 previu que as aquisições de produtos e serviços realizadas com recursos não vinculados à saúde e assistência social (recursos relacionados no inciso II do art. 5º) devem ser realizadas preferencialmente com as micro empresas e empresas de pequeno porte, como um nítido incentivo a essas empresas, principais afetadas em face dos prejuízos sofridos em suas receitas e suas lucratividades, decorrentes da pandemia. Como se verifica, a citada Lei Complementar buscou mitigar possíveis agravamentos sociais, como o relacionado ao desemprego, tendo em vista que as microempresas e empresas de pequeno porte respondem por aproximadamente 60% do número de empregos no Brasil (AGÊNCIA SEBRAE DE NOTÍCIAS, 2020). Assim, é oportuno que os tribunais de contas promovam uma fiscalização para acompanhar o cumprimento dessa previsão legal e que os pareceres prévios apresentem tal informação, demonstrando em que percentual as aquisições de produtos e serviços realizados com os recursos transferidos pela União contemplaram as microempresas e empresas de pequeno porte, sendo, inclusive, essa uma medida para se avaliar a legalidade na aplicação do recurso não vinculado ao enfrentamento da pandemia.

Encaminhando-se para o fim, é de se ressaltar que a atuação dos Tribunais de Contas também pode e deve ser pautada no papel pedagógico junto aos seus jurisdicionados, por meio da expedição de orientações sobre os procedimentos a serem tomados para aplicação da Lei Complementar nº 173/2020, tomando por base as notas técnicas e portarias expedidas pelo Ministério da Economia, pela Secretaria do Tesouro Nacional, pela Confederação Nacional dos Municípios, pelo Manual de Contabilidade aplicado ao Setor Público e pela ATRICON.

O exercício da fiscalização na aplicação dos recursos de que trata a referida lei complementar, deve acompanhar *pari passu* os balanços, os demonstrativos financeiros, a execução orçamentária, financeira e fiscal, pois o objetivo é justamente tutelar a administração pública de irregularidades, uma vez que, nesse momento de crise decorrente da pandemia, deve-se atentar para a integridade da análise, levando-se em consideração a situação de excepcionalidade vivenciada, a fim de não permitir a ocorrência de um processo de naturalização e justificação de ilícitos, a partir da flexibilização da aplicação de normas e condutas em função do período peculiar experimentado. É justamente nesse ponto que incumbe aos Tribunais de Contas salvaguardar a atuação de seus jurisdicionados, de modo a evitar interpretações e explicações contraditórias e conflitantes diante do próprio Tribunal de Contas. Cabe aos tribunais de contas, considerando o que aplicado e definido nesse período de pandemia, diante das circunstâncias fáticas, jurídicas e regulamentares estabelecer orientações claras e precisas àqueles que estão sob sua jurisdição.

Ademais, sem a pretensão de esgotar o tema, é salutar que os pareceres prévios apresentem uma linguagem acessível, até mesmo para que seu conteúdo possa ser decodificado para a mídia em geral e chegue ao conhecimento de toda a sociedade. Para que subsidiem de forma efetiva o Poder Legislativo e o Poder Executivo, os pareceres prévios devem apresentar as recomendações e as determinações em relação às ações que possam ser preventivas ou corretivas para a retomada do pós-pandemia, no intuito de mitigar as consequências relacionadas à própria suspensão de limites, dívidas etc., previstas na Lei Complementar nº 173/2020. Frise-se que a citada Lei Complementar não criou anistia, mas tão somente a suspensão de determinadas dívidas e limites, o que significa que em determinado momento tais valores deverão ser pagos. Daí a importância da gestão responsável e planejada, com a qual podem contribuir os Tribunais de Contas, por meio das fiscalizações e orientações, além das recomendações e determinações nos pareceres prévios, com o fim de minimizar os impactos sociais e econômicos advindos da pandemia.

Referências

AGÊNCIA SEBRAE DE NOTÍCIAS. Pequenos negócios já representam 30% do Produto Interno Bruto do país. *Pequenas Empresas & Grandes Negócios*, 09 abr. 2020. Disponível em: https://revistapegn.globo.com/Negocios/noticia/2020/04/pequenos-negocios-ja-representam-30-do-produto-interno-bruto-do-pais.html. Acesso em: 25 out. 2020.

ASSOCIAÇÃO DOS MEMBROS DOS TRIBUNAIS DE CONTAS DO BRASIL (ATRICON). *Nota Técnica nº 3/2020*. Disponível em: http://www.atricon.org.br/wp-content/uploads/2017/03/NOTA-T%C3%89CNICA-03-2020.pdf. Acesso em: 23 out. 2020b.

ASSOCIAÇÃO DOS MEMBROS DOS TRIBUNAIS DE CONTAS DO BRASIL (ATRICON). *Portaria nº 17/2019*. Disponível em: https://www.atricon.org.br/wp-content/uploads/2019/10/Portaria-17-2019-Designa-membros-de-comiss%C3%A3o-para-sistematizar-an%C3%A1lise-de-parecer-pr%C3%A9vio.pdf. Acesso em: 23 out. 2020a.

BRASIL. Lei Complementar nº 173, de 27 de maio de 2020. Estabelece o Programa Federativo de Enfrentamento ao Coronavírus SARS-CoV-2 (Covid-19), altera a Lei Complementar nº 101, de 4 de maio de 2000, e dá outras providências. *Diário Oficial da União*, Brasília, v. 158, n. 101, 28 maio 2020, p. 4-6. Seção 1. Disponível em: www.planalto.gov.br/ccivil_03/leis/lcp/Lcp173.htm. Acesso em: 23 out. 2020a.

BRASIL. Ministério da Economia. *Nota Técnica SEI n. 12774/2020/ME*. Disponível em: https://sisweb.tesouro.gov.br/apex/f?p=2501:9::::9:P9_ID_PUBLICACAO_ANEXO:9719. Acesso em: 23 out. 2020b.

BRASIL. Ministério da Economia. Secretaria do Tesouro Nacional. *Portaria STN n. 394/2020*. Disponível em: https://www.in.gov.br/en/web/dou/-/portaria-n-394-de-17-de-julho-de-2020-267510372. Acesso em: 23 out. 2020c.

CONSELHO NACIONAL DE PRESIDENTES DOS TRIBUNAIS DE CONTAS (CNPTC). *Iniciativa de uniformização dos processos e procedimentos dos tribunais de contas*. Disponível em: https://www.cnptcbr.org//wp-content/uploads/2020/09/iniciativadeuniformizacao_apresentacao_final.pdf. Acesso em: 25 out. 2020.

Informação bibliográfica deste texto, conforme a NBR 6023:2018 da Associação Brasileira de Normas Técnicas (ABNT):

CUNHA, Milene Dias da. Atuação dos Tribunais de Contas nas contas do chefe do Poder Executivo: breve ensaio sobre os reflexos da Lei Complementar nº 173/2020. *In*: CAVALCANTE, Crislayne; RODRIGUES, Leandro Menezes (Coord.). *A Lei Complementar nº 173/2020 e seus desafios*. Belo Horizonte: Fórum, 2021. p. 101-111. ISBN: 978-65-5518-315-3.

APESAR DE TUDO, AINDA HÁ ESPERANÇA

INALDO DA PAIXÃO SANTOS ARAÚJO

A doença causada pelo novo coronavírus, SARS-CoV2 (a *Covid-19*), só no Brasil, já contabilizou mais de 15 milhões de casos confirmados e mais de 439 mil mortes, alcançando o pico de 82.401 óbitos no mês de abril deste ano. Uma pesquisa da Universidade Federal Fluminense (UFF), intitulada "Detecção precoce da sazonalidade e predição de segundas ondas na pandemia de COVID-19", desenvolvida pelo professor do Departamento de Estatística, Márcio Watanabe, prevê até 5.000 óbitos por dia em países do Hemisfério Sul, em particular no Brasil e em países que seguem padrões sazonais semelhantes ao nosso, como Índia e Bangladesh.

Essas cifras, sem imagens e sem referências biográficas, têm consequências que vão além dos óbitos registrados. Um estudo da Universidade Estadual da Pensilvânia (EUA), publicado na revista *Proceedings of the National Academy of Sciences* (PNAS)[1], calculou que, para cada paciente morto por covid-19, há um impacto direto sobre nove parentes próximos (avós, pais, irmãos, cônjuges e filhos), que são parte de uma crise sanitária, social e econômica mais ampla que a atribuída diretamente ao coronavírus. Segundo a Universidade da Pensilvânia, até o momento, podemos contabilizar mais de 30 milhões de vítimas adicionais, ocasionando uma nova onda de desafios para a saúde da população. Conforme a conclusão do estudo norte-americano, as crises de saúde geram um impacto social que poderia conduzir, indiretamente,

---

[1] Disponível em: https://www.pnas.org/content/118/39. Acesso em: 15 set. 2021.

a uma maior mortalidade devido a causas não relacionadas com a pandemia: agravamento de doenças crônicas, abuso de álcool, violência doméstica, entre outros fatores. Indubitavelmente haverá uma epidemia silenciosa de dor ainda não contabilizada.

Antes do coronavírus, a pandemia mais abrangente e grave foi a da Gripe Espanhola, em 1918, causada pelo vírus Influenza. Estima-se que pelo menos 50 milhões de pessoas morreram no mundo. O historiador americano Charles Rosenberg, especialista em História da Ciência e da Medicina na Universidade de Harvard, diz que as grandes epidemias são como peças trágicas, com as mesmas estruturas: primeiro, há um grande medo em relação ao surgimento da epidemia; depois, ocorre uma tentativa de mistificá-la, negando a sua existência ou minimizando o seu alcance; e, finalmente, há a aceitação do problema e a tentativa de resolução. Contudo, há um grande diferencial ligado diretamente ao tempo histórico: o acesso à informação e o advento da ciência.

O "fio de Ariadne" no enfrentamento da pandemia é a utilização da ciência e da tecnologia como poderosas ferramentas de enfrentamento. E é exatamente a busca científica que pudemos constatar neste valoroso trabalho. Os técnicos que apresentaram seus artigos nesta obra, embora não sejam considerados a "linha de frente" no enfrentamento ao coronavírus, poderiam ser considerados a "linha de retaguarda", uma vez que são responsáveis pela hermenêutica jurídica que propicia a correta aplicação e o alcance das normas legais e que assegura que os recursos cheguem com a devida lisura aos seus destinatários.

Em tempos tão trevosos, nos quais as fronteiras estão fechadas, a única viagem verdadeiramente possível é a incursão intelectual e científica. Foi nesse diapasão que foi produzido este *e-book*, no sentido de acompanhar as medidas administrativas excepcionais que precisaram ser tomadas no enfrentamento da covid-19, mais precisamente pela Lei Complementar (LC) Federal nº 173/2020, que estabeleceu o Programa Federativo de Enfrentamento ao Coronavírus SARS-CoV-2 (Covid-19), e alterou dispositivos da Lei Complementar Federal nº 101/2000, integrando um conjunto de ações legislativas, erigidas desde março de 2020, para combater ou mitigar os efeitos provocados pela pandemia.

Com supedâneo no Ciclo de debates promovido, em agosto de 2020, pelo Tribunal de Contas do Estado do Rio Grande do Sul (TCE/RS) e pelo Instituto Rui Barbosa (IRB), com o apoio da Associação dos Membros dos Tribunais de Contas (ATRICON) e do Conselho Nacional de Presidentes de Tribunais de Contas (CNPTC), esta publicação discorreu sobre o nascimento da LC nº 173/2020 e as alterações estruturais operadas na Lei de Responsabilidade Fiscal (LRF), salientando que o processo legislativo que alterou a LRF deveria ter ocorrido com maiores reflexões e debates.

Esta produção tratou do famigerado art. 8º da respectiva Lei Complementar, que dispõe acerca das vedações impostas à União, aos Estados, ao Distrito Federal e aos Municípios afetados pela calamidade pública decorrente da pandemia da Covid-19, até 31 de dezembro de 2021, registrando que todos os Estados e Municípios estão sujeitos às proibições deste artigo, o que decorre da redação atribuída pela legislação ao art. 65 da LC nº 101/2000, especialmente ao seu §1º, que prevê a hipótese de calamidade pública reconhecida pelo Congresso Nacional em todo o território nacional. Sobre os reflexos orçamentários, contábeis e fiscais, acentuou que o benefício de suspensão do recolhimento da contribuição patronal na forma prevista na LC nº 173/2020 não é automático e depende da aprovação de uma lei municipal específica, tratando-se de mecanismo que carece de avaliação, por parte do gestor, quanto ao custo/benefício de utilizá-lo, dado que pode ter impactos em limites constitucionais e de sustentabilidade do Regime Próprio de Previdência Social (RPPS).

Ao final, foram abordados os reflexos da LC nº 173/2020 na análise das contas de governo, na medida em que, levando-se em consideração a situação de excepcionalidade vivenciada, incumbe aos Tribunais de Contas salvaguardar a atuação de seus jurisdicionados, de modo a evitar interpretações e explicações contraditórias e conflitantes diante do próprio Tribunal, estabelecendo orientações claras e precisas àqueles que estão sob sua jurisdição. Portanto, para exercer adequadamente a competência prevista no artigo 71, I, da Constituição Federal (CF) de 1988, os Tribunais de Contas precisam perceber que a apreciação das contas prestadas pelos chefes do Poder Executivo, referentes ao exercício de 2020, não pode ser realizada como nos anos anteriores. Faz-se necessário atentar para as alterações provocadas pelo direito financeiro emergencial. Caso contrário, os pareceres prévios não serão relevantes, nem para o Poder Legislativo, nem para a sociedade.

A CF/1988 no seu art. 5º, *caput*, assegura a inviolabilidade do direito à vida, considerado como o mais importante direito fundamental e o maior bem jurídico tutelado. Nesse sentido, o presente trabalho, ao aprofundar as discussões acerca da LC nº 173/2020, contribuiu sobremaneira para garantir o direito à vida por intermédio do fortalecimento dos instrumentos de controle, iniciando-se pela atuação preventiva e orientadora da própria Administração Pública e estendendo-se para o combate a qualquer ato de corrupção, principalmente na presente situação pandêmica, havendo a necessidade de implementação dos instrumentos de controle da máquina administrativa e de aperfeiçoamento da transparência e do controle social.

Isso porque um vírus tão devastador e mortal quanto o coronavírus é o vírus da corrupção. O pensamento republicano de Maquiavel já compreendia a temática da corrupção como uma doença que ameaça a vida de uma república, podendo debilitar e promover a sua ruína. No último capítulo do livro III dos *Discursos*, o ilustre filósofo, ao afirmar que a corrupção é uma enfermidade, entende que deva ser tratada com os remédios mais adequados a sanar este mal:

> Como já dissemos outras vezes, todos os dias, necessariamente surgirão numa grande cidade acontecimentos que precisem de médico, e, se tais acontecimentos forem de grande importância, será preciso encontrar o médico mais sábio.
>
> [...]
>
> E, embora produzam maus efeitos numa república, tais doenças não são mortais, porque quase sempre se tem tempo para curá-las; mas, para as doenças que atingem o estado, não há tempo, pois estas, se não forem curadas por alguém muito prudente arruínam a cidade (MAQUIAVEL, 2007ª, p. 454-455).

Assim, este trabalho representa um remédio salutar no enfrentamento da pandemia, sendo, os nossos articulistas, os responsáveis por ministrar uma importante dose de esclarecimento e direcionamento na melhor condução da gestão pública. Estamos no caminho certo, pois, como bom baiano que sou, acredito que "a fé não costuma faiá".

E, na condição de um modesto admirador dos poetas, mesmo sem saber explicar, dou razão a Carlos Drummond de Andrade:

> *Como viver o mundo*
> *em termos de esperança?*
> *E que palavra é essa*
> *que a vida não alcança?*

Referências

ANDRADE, Carlos Drummond de. *Viver*. Disponível em: https://www.culturagenial.com/poemas-sobre-a-vida-escritos-por-autores-famosos/. Acesso em: 10 ago. 2021.

BRASIL. *Constituição da República Federativa do Brasil de 1988*. Disponível em: http://www. planalto.gov.br/ccivil_03/Constituicao/Constituicao.htm. Acesso em: 16 set. 2021.

BRASIL. *Lei Complementar nº 101*, de 4 de maio de 2000. Estabelece normas de finanças públicas voltadas para a responsabilidade na gestão fiscal e dá outras providências. Disponível em: http://www.planalto.gov.br/ccivil_03/leis/lcp/lcp173.htm. Acesso em: 16 set. 2021.

BRASIL. *Lei Complementar nº 173*, de 27 de maio de 2020. Estabelece o Programa Federativo de Enfrentamento ao Coronavírus SARS-CoV-2 (Covid-19), altera a Lei Complementar nº 101, de 4 de maio de 2000, e dá outras providências. Disponível em: http://www. planalto.gov.br/ccivil_03/leis/lcp/lcp173.htm. Acesso em: 16 set. 2021.

CASTRO, Lucas da Silva. *Maquiavel e a corrupção*: doença e remédio. Disponível em: https:// repositorio.ufpb.br/jspui/bitstream/tede/5634/1/arquivototal.pdf. Acesso em: 29 jul. 2021.

FAPERJ. *História e pandemia*: lições de um passado que se repete. Disponível em: http:// www.faperj.br/?id=3970.2.4. Acesso em: 29 jul. 2021.

Fio de Ariadne. Disponível em: https://pt.wikipedia.org. Acesso em: 29 jul. 2021.

INSTITUTO RUI BARBOSA. *3º Ciclo de debates sobre a LC 173/20 – Art. 9º e reflexos orçamentários, contábeis e fiscais*. Disponível em: https://irbcontas.org.br/eventos/3o-ciclo-de-debates-sobre-a-lc-173-20-art-9o-e-reflexo-orcamentarios-contabeis-e-fiscais/. Acesso em: 12 set. 2021.

PROCEEDINGS of the National Academy of Sciences (PNAS). Disponível em: https:// www.pnas.org/content/118/39. Acesso em: 30 ago. 2021.

WATANABE, Márcio. *Detecção precoce da sazonalidade e predição de segundas ondas na pandemia de COVID-19*. Disponível em: http://www.uff.br/?q=noticias/24-03-2021/ pesquisa-da-uff-sobre-sazonalidade-da-transmissao-de-covid-19-preve-ate-5000. Acesso em: 12 set. 2021.

Informação bibliográfica deste texto, conforme a NBR 6023:2018 da Associação Brasileira de Normas Técnicas (ABNT):

ARAÚJO, Inaldo da Paixão Santos. Apesar de tudo, ainda há esperança. *In*: CAVALCANTE, Crislayne; RODRIGUES, Leandro Menezes (Coord.). *A Lei Complementar nº 173/2020 e seus desafios*. Belo Horizonte: Fórum, 2021. p. 113-117. ISBN: 978-65-5518-315-3.

SOBRE OS AUTORES

Ana Helena Scalco Corazza
Mestre em Direito e Políticas Públicas. Auditora Pública Externa. Tribunal de Contas do Estado do Rio Grande do Sul. *E-mail*: anahelena@tce.rs.gov.br.

Donato Volkers Moutinho
Doutor em Direito Econômico e Financeiro pela Faculdade de Direito da Universidade de São Paulo (USP), com períodos como pesquisador convidado (*guest researcher*) na Universidade de Chicago, como investigador visitante no Centro de Administração e Políticas Públicas (CAPP) da Universidade de Lisboa e como estudante visitante (*visit student*) no European University Institute (EUI, Florença). Especialista em Direito Público pela Escola Superior de Advocacia da Ordem dos Advogados do Brasil - Seccional Espírito Santo (ESAOAB-ES). Bacharel em Direito e em Engenharia Elétrica, ambos pela Universidade Federal do Espírito Santo (UFES). Auditor de Controle Externo no Tribunal de Contas do Estado do Espírito Santo (TCEES). Membro da Comissão de Direitos Sociais da Ordem dos Advogados do Brasil – Seccional Espírito Santo (OAB-ES). *E-mail*: donatovolkers@gmail.com.

Inaldo da Paixão Santos Araújo
Mestre em Contabilidade. Contador Benemérito do Estado da Bahia. Membro da Academia Baiana de Ciências Contábeis. Conselheiro do Tribunal de Contas do Estado da Bahia (TCE-BA). Vice-presidente de ensino e pesquisa do Instituto Rui Barbosa (IRB). Professor de graduação e pós-graduação, autor de livros de Auditoria e de Contabilidade Pública. Coordenador do projeto de elaboração das Normas de Auditoria Aplicáveis ao Setor Público do IRB. Articulista em jornais de grande circulação. *E-mail*: inaldo@tce.ba.gov.br.

Jorge Pinto de Carvalho Júnior
Auditor do TCMSP. Contador graduado pela Universidade do Estado da Bahia (Uneb). Pós-graduado em Gestão Pública Municipal (Uneb), Contabilidade Governamental (Fundação Visconde de Cairú) e Direito Público e Controle Municipal (Unibahia). Foi Controlador Municipal e Secretário de Administração, Finanças e Planejamento em municípios do Estado da Bahia, onde também atuou como empresário. Ex-Analista de Controle Interno da Secretaria da Fazenda do Estado do Rio de Janeiro, onde ocupou a função de Superintendente de Normas Técnicas e foi Substituto Eventual do Contador Geral do Estado. Assessor Técnico da Câmara Técnica de Normas Contábeis e de Demonstrativos Fiscais da Federação (CTCONF - STN), indicado pelo Instituto Rui Barbosa (IRB). Professor de cursos de pós-graduação atuando em todo o território nacional. Coautor de livros sobre contabilidade aplicada ao setor público e auditoria governamental. *E-mail*: profjcarvalho@hotmail.com.

Leandro Menezes Rodrigues

Mestrando em Contabilidade na Universidade Federal do Paraná (Turma 2021). Especialista em Contabilidade e Finanças pela Universidade Federal do Paraná (2011) e MBA em Gestão Pública com Ênfase em Controle Externo pelo Centro Universitário Franciscano do Paraná (2014). Graduado em Ciências Contábeis pelo Universidade Federal do Paraná (2009), tendo se formado como 1º colocado. Atualmente é servidor do Tribunal de Contas do Estado do Paraná. É integrante do Grupo de Estudos e Pesquisas em Governos Locais - GEPGL (UnB). Possui experiência na utilização do Plano de Contas Aplicado ao Setor Público, criação de rotinas contábeis e mapeamento de Demonstrações Contábeis Aplicadas ao Setor Público. Coautor do Livro *Entendendo as Demonstrações Contábeis Aplicadas ao Setor Público*, pela Editora Gestão Pública, dezembro de 2017. *E-mail*: Leandro.menezes@tce.pr.gov.br.

Milene Dias da Cunha

Conselheira Substituta do Tribunal de Contas do Estado do Pará. Diretora de Defesa de Direitos e Prerrogativas e de Assuntos Corporativos da ATRICON. Vice-Presidente Jurídico Institucional da AUDICON. Mestre em Ciência Política (UFPA). Especialista em Direito Público, com ênfase em Gestão Pública (Faculdade Damásio de Jesus). Especialista em Gestão de Pessoas e Marketing (Centro Universitário de Patos de Minas). Bacharel em Administração (Centro Universitário de Patos de Minas). Palestrante, professora e autora de artigos. *E-mail*: milene.cunha@tce.pa.gov.br.

Paulo Henrique Feijó

Bacharel em Ciências Contábeis pela Universidade de Brasília (UnB), com pós-graduação em Contabilidade e Finanças pela Fundação Getúlio Vargas (FGV). É Analista de Finanças e Controle da Secretaria do Tesouro Nacional, com atuação na Coordenação-Geral de Programação Financeira de 1993 a 2006. Tem participado de diversas iniciativas voltadas para o aperfeiçoamento da gestão das finanças públicas, especialmente nos aspectos relacionados com a administração do caixa, a programação e execução financeira, a apuração dos resultados fiscais e contabilidade aplicada ao setor público. Coordenou a integração do Tesouro Nacional aos mecanismos do Sistema de Pagamentos Brasileiro. Participa de atividades de capacitação de gestores públicos em todo o País e é professor da disciplina Administração Orçamentária e Financeira, Responsabilidade Fiscal e Contabilidade Aplicada ao Setor Público. É Coordenador dos Cursos de Siafi, Siafi-Gerencial, Administração Orçamentária e Financeira e Suprimento de Fundos na Associação Brasileira de Orçamento Público (ABOP). Ocupou o cargo de Coordenador-Geral de Contabilidade da STN de agosto de 2006 a dezembro de 2009. Exerceu o cargo de Coordenador-Geral de Normas de Contabilidade Aplicadas à Federação de 2009 a 2012. É autor do livro *Entendendo as Mudanças na Contabilidade Aplicada ao Setor Público*. É coautor dos livros *Gestão de Finanças Públicas: Fundamentos e Práticas de Planejamento, Orçamento e Administração Financeira com Responsabilidade Fiscal - Vol. 1 - Administração Orçamentária e Financeira; Curso de Siafi: Uma Abordagem*

Prática da Execução Orçamentária e Financeira - Vol. 1 - Execução Orçamentária e Financeira; Curso de Siafi: Uma Abordagem Prática da Execução Orçamentária e Financeira - Vol. 2 - Suprimento de Fundos; Entendendo o Plano de Contas Aplicado ao Setor Público; Entendendo Resultados Fiscais, Entendendo a Contabilidade Orçamentária Aplicada ao Setor Público, Entendendo a Contabilidade Patrimonial Aplicada ao Setor Público e Entendendo as Demonstrações Contábeis Aplicadas ao Setor Público, todos publicados pela Editora Gestão Pública (www.gestaopublica.com. br). Foi membro do Grupo Assessor do Conselho Federal de Contabilidade, responsável pela edição de normas de contabilidade aplicadas ao setor público. Atualmente integra a Associação Interamericana de Contabilidade (AIC). *E-mail:* paulofeijo@me.com.

Rodrigo Luís Kanayama

Advogado em Curitiba (2002). Doutor em Direito do Estado pela Universidade Federal do Paraná (2012). Professor Adjunto do Departamento de Direito Público da Faculdade de Direito da Universidade Federal do Paraná, da Graduação e Pós-Graduação (Mestrado e Doutorado). Vice-coordenador do Programa de Pós-graduação em Direito da UFPR (PPGD/UFPR – mestrado e doutorado). Ministra as disciplinas de Direito Financeiro, Direito Municipal, Direito Administrativo, Planejamento e Responsabilidade Fiscal. Conselheiro Estadual da Ordem dos Advogados do Brasil, Seção do Paraná (2010-2012, 2013-2015, 2016-2018, 2019-2021). Presidente da Comissão de Estudos Constitucionais (2016-2018, 2019-2021) e membro da Comissão de Educação Jurídica, ambas da Ordem dos Advogados do Brasil, Seção do Paraná. *E-mail:* rodrigo@kanayama. adv.br.

Simone Reinholz Velten

Auditora de Controle Externo do Tribunal de Contas do Estado do Espírito Santo (TCE-ES). *E-mail:* simone_velten@hotmail.com.

Vitor Maciel dos Santos

Auditor de Controle Externo, Tribunal de Contas dos Municípios do Estado da Bahia (TCM/BA). *E-mail:* vitor.santos@tcm.ba.gov.br.

Esta obra foi composta em fonte Palatino Linotype, corpo 10
e impressa em papel Offset 75g (miolo) e Supremo 250g (capa)
pela Formato Artes Gráficas, em Belo Horizonte/MG.